나만의
은하를
너에게 줄게

# 시골 아낙, 추억을 업고 걷다

| | | | |
|---|---|---|---|
| 발행일 | 2016년 04월 22일 | | |
| 지은이 | 김 옥 선 | | |
| 펴낸이 | 손 형 국 | | |
| 펴낸곳 | (주)북랩 | | |
| 편집인 | 선일영 | 편집 | 김향인, 서대종, 권유선, 김예지 |
| 디자인 | 이현수, 신혜림, 윤미리내, 임혜수 | 제작 | 박기성, 황동현, 구성우 |
| 마케팅 | 김회란, 박진관, 김아름 | | |
| 출판등록 | 2004. 12. 1(제2012-000051호) | | |
| 주소 | 서울시 금천구 가산디지털 1로 168, 우림라이온스밸리 B동 B113, 114호 | | |
| 홈페이지 | www.book.co.kr | | |
| 전화번호 | (02)2026-5777 | 팩스 | (02)2026-5747 |
| ISBN | 979-11-5987-006-4 03900(종이책) | | 979-11-5987-007-1 05900(전자책) |

이 도서의 국립중앙도서관 출판예정도서목록(CIP)은 서지정보유통지원시스템 홈페이지(http://seoji.nl.go.kr)와
국가자료공동목록시스템(http://www.nl.go.kr/kolisnet)에서 이용하실 수 있습니다.
(CIP제어번호: CIP2016009603)

성공한 사람들은 예외없이 기개가 남다르다고 합니다.
어려움에도 꺾이지 않았던 당신의 의기를 책에 담아보지 않으시렵니까?
책으로 펴내고 싶은 원고를 메일(book@book.co.kr)로 보내주세요.
성공출판의 파트너 북랩이 함께하겠습니다.

시골 아낙,
추억을 업고 걷다

먼저 간 사랑을 그리워하며 걸음걸음 애달픈 사연을 적은 29일간의 국토순례기

옥선 여행 에세이

북랩 **book** Lab

**여는 말**

2014년 가을 어느 아침, 지인의 집에서 KBS '인간극장'을 보게 되었다. 여행을 즐기던 주인공 아가씨가 병든 부모님 수발을 드느라 시골로 내려와, 뇌졸중으로 전신이 마비된 아버지를 열심히 돌보는 효심 가득한 모습을 얼핏 보았다. 그 아가씨는 병수발을 들다가 지친 자신의 심신을 달래기 위해 짬을 내어 여행을 떠나는 것이 아닌가. 그 모습을 보는 순간, '아! 나도 여행을 떠나보고 싶다'는 충동을 느꼈다. 병수발, 나에게도 6년 반이라는 병수발의 시간이 있었다. 나의 임은 2003년 7월 초 '직장암' 말기 판정을 받았다. 나는 하늘이 무너지는 큰 충격 속에서 직장암 환자에게 좋다는 식단을 연구하여 임의 식단을 바꾸었다.

수지침 봉사자였던 나는 임의 양손에 수지침과 쑥뜸을 뜨고 전신에 소금뜸과 비파뜸질을 하며 제발 수술만은 하지 말았으면 하고 염원하였건만, 많은 이들의 성화에 못 이겨 서울 A병원에서 임은 수술을 받았다. 그 후 항암 치료를 받고, 몇 년 후 또다시 방사선 치료를 받았다. 하지만 폐에 찾아온 병마와는 싸우고 싶지 않노라고 걸을 수 있을 때 첫 부임지였던 가평 현리에 가보고 경주로 여행을 다녔다. 병이 악화되어 다른 이들에게 필요한 장기가 있다면 주고 떠나고 싶다는 임의 말에 따라 부산의 M병원에 갔지만, 장기 기증은 할 수 없었다.

임은 삶을 포기하고 간 병원이지만 나는 임을 살릴 수 있다는 실낱 같은 희망의 끈을 놓지 않았다. 지치지 않고 동동거리며 애썼지만, 임은 병마와 싸운 지 6년 반 만에 개선장군 같은 모습으로 내 곁을 떠났다. 임을 보내고 5년 후, 보고 싶고 그립고 외로운 긴 터널 속에서 벗어나 임과 함께 추억 여행을 해보자. 부산의 갈대숲에서 낙산사를 거쳐 화진포 해수욕장까지 걸어 보자. 『내 나이가 어때서?』라는 책을 읽고, 저자 황안나 씨와 통화해 보고 해파랑길과 국토 종주길이 있다는 사실을 알았다. 해파랑길은 3일만 예행연습으로 걷고 추억이 더 많은 국토 종주길을 걷기로 하였다. 12월, 나의 임 5주기 기일을 지내고 3개월간 차분하게 계획을 세웠다. 드디어 나는 나의 임을 등에 업고 하나이면서 둘이요, 둘이면서 하나가 되어 우리가 여행 다녔던 추억 속의 그 길을 더듬어 걸어 보려 한다. 왜, 이 여행을 시작하려는가? 눈물이 앞을 가리지만 너무너무 보고 싶고, 외롭고, 너무나 함께하고 싶기에 난 나의 임과 함께 이 길을 나서련다.

사랑을

담고

그리움을
담다!

# 해운대 백사장의 추억

오늘은 음력 1월 8일, 나의 64번째 생일이다. 해파랑길 1코스를 시작으로 첫걸음을 떼어본다.

어제는 호스피스 봉사활동을 마친 후 말찌나 형님 차를 타고,

오륙도 해맞이 공원 해파랑길 시작점에 와서 오륙도를 배경으로 사진을 몇 컷 찍었다. 잠은 바올라 집에서 하루 신세를 졌다. 바올라가 약국에 가서 국토순례할 때 필요한 모든 약을 다 사준다. 약사가 내 나이에는 국토순례를 완주할 수 없다며 아예 포기하라고 한다. 나는 약사에게 "네, 네, 참고하리다. 고맙습니다." 말하며 속으로 '누가 뭐래도 나는 하고 말 텐데…' 꼭 완주하리라. 마음을 다져본다. 바올라가 아침에 생선 굽고, 미역국 끓이고, 나의 생일상을 푸짐히 차려준다. 친구, 고마우이.

오늘은 친정아버지 제삿날이고 나의 생일이기도 하다. 제사 준비에 바쁠 서울 올케언니께 수고한다는 전화를 한다. 임을 보내고 난 후부터 나는 음력 생일보다 양력 생일 때 봉사자들과 식사를 나누며 지낸다.

버스를 타고 시작점에 가서 오전 9시 10분, 국토순례 길 예행연습의 첫걸음을 내딛는다. 언덕에 오르니 오륙도 등대의 모습과

조업 중인 어선들, 잔잔한 바다를 바라보니 어머니의 풍성한 품을 만난 것 같아 마음의 평화를 얻는다. 넓고 차가 쌩쌩 다니는 길보다 좁아도 걸을 수만 있는 길이 주위의 아름다운 자연을 마음껏 느끼게 해주어 참 좋다. 농바위를 지나 화장실 시설이 잘되어 있기에 들어가 보니 조용한 클래식 음악이 흐르고 분위기가 엄청 좋다. 이렇게나 해파랑길에 정성을 드렸단 말인가. 많은 이들께 감사해야 할 것 같다.

'폭풍우가 몰아치는 이기대에서'라는 시비가 있다. 임진왜란 당시 두 명의 기생이 술 취한 왜장을 껴안고 바다에 투신하였다고 하여 이곳을 '이기대'라고 칭한단다.


### 폭풍우가 몰아치는 이기대에서

박상호


두 기녀의 원혼들이 통렬히 울부짖는 듯

휘몰아치는 성난 파도와

무서운 폭풍우가 장자산을 휘감는구나


존귀한 목숨을 바친 위대한 민초여

이름 모를 들꽃처럼 스러졌지만

그 어떤 화사한 장미보다

더욱 빛나는 아리따운 들꽃이어라
너무도 숭고하고 위대한 영혼이어라


조선 여인의 위대함이여
조국을 사랑한 두 영웅이여
그 옛날 식지 않는 분노가
집채 만한 파도로 타오르는가

(생략)


　　동생말을 지나 이기대 삼익비치타운으로 들어선다. 얼마 전까
지 부산의 부촌이었던 남천동 비치타운 바닷가 길은 차량을 통
제해 두고 자전거와 사람들만 다닐 수 있게 배려해 두었기에 걷
기가 참 편하고 좋다. 사람이 많이 모인 곳을 좋아하지 않는 나
는 광안리 해변의 뜨겁고 복잡한 여름의 바닷가보다 쌀쌀한 봄
날 조용한 모래사장에 한가로이 노니는 새들의 모습이 더 좋다.
수변공원의 해녀 동상은 어쩜 이다지도 아름다울까?
　　생일날 배가 고프면 안 된다던데, 오늘은 나의 음력 생일인데
배가 고프다. 광안리 수변공원을 지나, '낭만부엌'이라는 음식점
에서 이름만큼이나 깔끔하고 정겨운 칼국수로 허기를 달랜다.
민락동의 수영2호교 힘차게 뛰어오르는 것 같은 돌고래 조형물

을 카메라에 담으며, 요트경기장과 지금의 부촌 아이파크 아파트 옆길을 걷는다. 서민인 나는 들어가 살 수 없는 공간이지만 주위의 자연만큼은 이 시간 나의 것이다. 영화의 거리를 지나 동백 사거리 벤치에 앉아 언니에게 언제쯤 송정에 도착할 거라는 통화를 하고 모래사장을 걸어 해운대 여름 파출소에 도착, 해파랑길 1코스 잘 걸었다. 해운대 전철역 앞에서 버스를 타고 송정 언니 집으로 향한다.

 오래전 해운대역 앞엔 정다방, 은다방이 있었다. 60년대 후반 어느 날 우리들이 연인으로 지냈던 때, 나의 이별 통보에 그가 해운대 백사장을 눈물 콧물 흘리며 선아! 선아! 부르며 헤매고 있다는 친구들의 연락을 받았다. 바로 은다방으로 달려가 임에게 그의 곁에 남아있겠노라고 달래주었던 그 다방들은 이제 먼 추억 속으로 사라지고 없다. 집안 형편이 불우하여 늘 우울하였고 삶의 끈을 놓고자 하는 그에게 나는 연인 시절 동안 수없이 이별 통보를 하며 그의 마음을 아프게 했었다. 그러나 너무 아파하는 그와 이별을 하지 못하고 나의 엄마와 형제들의 반대를 무릅쓰고 그의 반려자가 되었다. 아픔도 많았지만, 너무나 사랑받으며 행복한 날들이 더 많았었다. '사랑해! 나의 연인, 내 임이여!'
 그때 그에게서 받은 절절하고 아픈 편지를 한 장 꺼내 읽어본다.

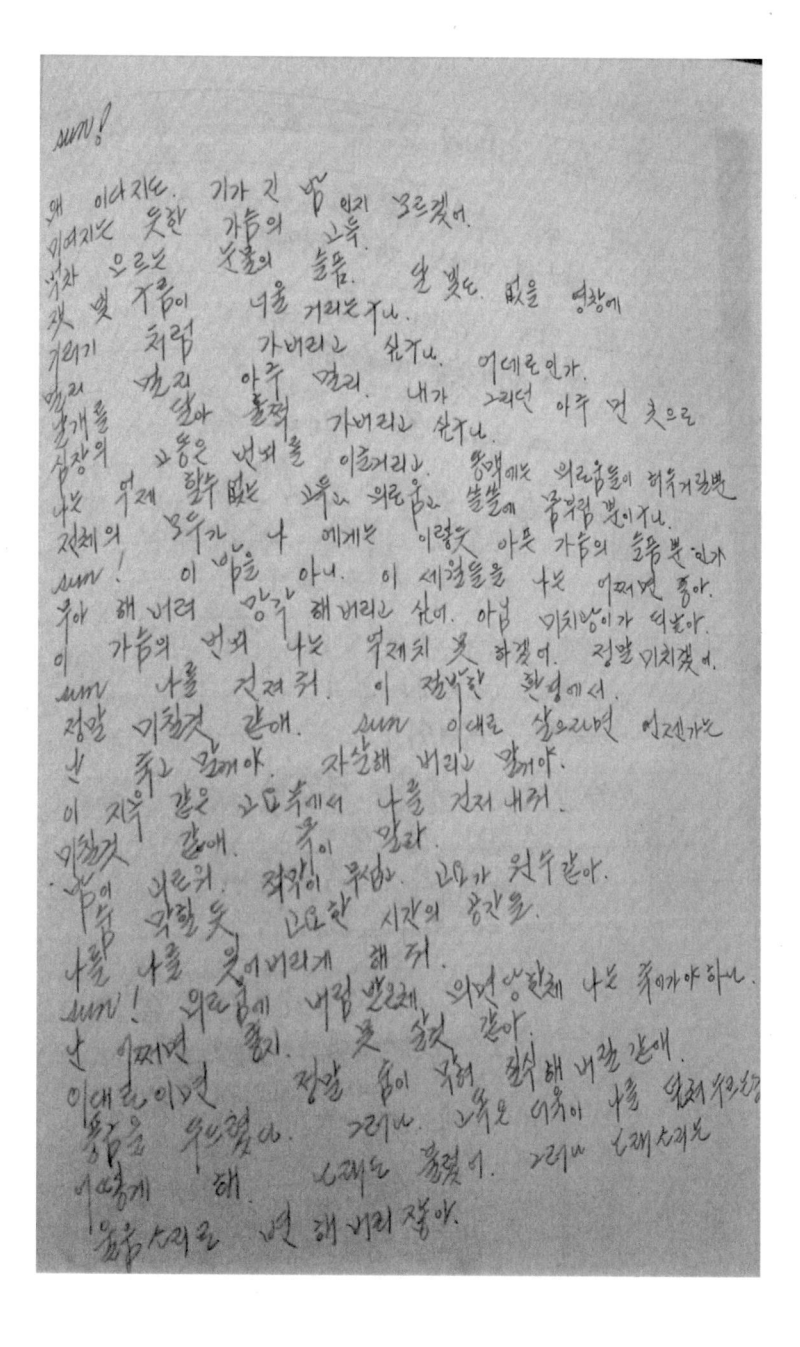

sun!

왜 이다지도. 가가 긴 꿈 일지 모르겠어.
미어지는 듯한 가슴의 고독.
겹차 으르는 촛불의 슬픔. 낸 빛도. 없을 영창에
첫 빛 가슴이 너를 거리는구나.
기러기 처럼 가버리고 싶구나. 어디로인가.

...
...
...

sun! 이 아픔을 아니. 이 세상들을 나는 어쩌면 좋아.
...

sun 나를 건져 줘. 이 잔박한 환영에서.
정말 미친것 같애. sun 이대로 살아가면 이런가는
난 죽고 말께야. 자살해 버리고 말께야.
이 지옥 같은 고요속에서 나를 건져 내줘.
미친것 같애. 죽어 말라.
...

sun! 외로움에 내림 받고레 ...

15
해파랑길 첫째 날

시골 아낙, 추억을 업고 걷다

# 수목장에서

　임은 항상 나의 기억 속에 함께 있다. 오늘은 임의 수목장에 들릴 수 있으니 그곳에 가서 임과 많은 이야기를 나누고 싶다. 언니는 내가 오는 날이면 내가 좋아하는 반찬을 해준다. '고마운 나의 언니 사랑해요.' 언니의 미역 설치로 맛난 아침을 먹고 버스를 타고 송정에서 해운대 여름 파출소 앞까지 가서 오전 8시 길을 걷는다. 미포에서 동백섬과 아이파크 아파트 모습을 사진에 담아본다. 멀리 어제 걸었던 이기대길과 오륙도의 모습이 훤히 보인다. 한가로이 날고 있는 갈매기가 어제 걸었던 길을 물어다주는 듯이 반갑다. 동해 남부선 기찻길이 바뀌어 폐쇄된 기찻길로 들어서니 경치가 장관이다. 구덕포 해안로를 걸어 송정 해수욕장에 도착, 언니가 송정에 있으니 송정은 나의 제2

의 집이다. 환자 간호하랴 늘 종종걸음치던 내가, 임을 잃은 후, 어느 날 송정 바닷가를 천천히 걷고 있었다. 늘 바쁘게만 뛰어다니던 내게도 이런 시간이 주어지는구나! 그런데 너무 허전하고 외롭구려. 임이여! 하며 쓸쓸히 걸었지.

올해 1월 1일 송정 일출 사진 몇 컷을 찍었는데 물결이 묘한 모습을 만들어주어서 반갑고 신기했다. 송정해수욕장과 올해 일출 사진을 찍었던 송일정을 지나 용궁사에 오니 이상 물체가 떠내려왔다고 하여 술 먹은 임을 태우고 늦은 밤 차를 몰고 용궁사 현장까지 함께왔던 기억이 새롭구려. 수산과학원 담벼락을 끼고 걸으며 '임이여, 나의 사랑, 나의 벗, 나의 반쪽이여' 하며 불러본다.

▲ 수목장에서 보이는 대변항
◀ 임의 수목장

2009년 12월 26일, 상자 속 임의 마지막 온기를 느끼며 딸아
이들 뿌린 곳에 뿌려달라는 임을 나의 품에 꼭 끌어안고 요즘은
바다에 뿌릴 수 없다기에 그 자갈밭이 보이는 이곳으로 와서 잘
생긴 소나무 밑에 임을 모셨다.

'임아, 내 사랑이여. 보고 있어도 보고 싶고 너 없이는 못산다
고 했던 우리였는데 난 지금 살아 있나요? 며칠간 교육을 들어가
도 보고 싶어서 탈영하고 싶노라고 했던 임이시여. 나 보고 싶어
서 어떻게 그리 먼 곳으로 가셨나요? 무심한 사람아. 미워요. 남
은 자의 설움을 아시는지요? 사는 게 사는 것이 아닌 삶. 살 수
밖에 다른 길이 없기에 오늘도 숨 쉬고 먹고 걷고 살아간다오.
듣고 싶다 임의 목소리, 보고 싶다, 보고 싶어, 임의 모습. 소리 없는 눈물을 얼마나 흘리며 살아왔는지 임은 지켜보고 있었지요? 오늘만 울게요. 지금 이곳에서만, 이곳에서는 실컷 울어보고 싶네요, 미운 사람아! 보고 싶어요. 기다려주세요, 나도 언젠가는 이곳으로 와서 묻힐 테니까요.

이곳에서 멋진 일출 즐기시나요? 용왕당. 대변항 쳐다보며 파도에 자갈돌 구르는 소리 듣고 있나요? 자갈돌 구르는 소리에 맞추어 딸아이들과 사랑스러운 대화 나누시나요? 얼마나 사랑스러운 아이들이었던가요? 임은 좋겠구려. 그곳에서 보고 싶은 아이들 만나, 아프지도, 외롭지도 않을 테니. 나는 너무나 힘들다오. 아픔이 없는 하느님 나라로 가고자 했던 임이여. 임은 그곳에서 평온을 누리고 있으리라고 머리로는 정리가 되는데, 나의 허허한 마음은, 쓰리고 아픈 가슴은, 남은 자의 설움은 어찌하나요?'

실컷 울고나서 운 모습 들키기 싫어 해광사 화장실에 가서 세수를 하고 공양간으로 갔다. 점심을 먹고 주지스님 방에 들어가 "스님, 걸어서 국토순례를 하고 싶네요. 옛 추억을 찾아 해남에 가서 미황사에 하루 신세지고 싶은데 전화 좀 해주실 수 있으신가요?"

"네. 그곳은 지금 템플스테이하는 곳이라 손님이 많은데 한 이삼일 전에 전화 주세요. 그러면 주지스님께 말씀드려 놓을게요."

"감사합니다. 스님, 늘 건강하세요."

"보살님도 몸 건강히 끝까지 완주하시길 기도드릴게요."

시골 아낙, 추억을 업고 걷다

대변항을 지나 우리 부부가 자주 다녔던 해안 길을 걸으며 임의 모습을 떠올려본다. 너무나 건강했었는데, 낚시를 즐기던 우린 이 바닷가에서 낚시를 자주 했었다. 갓 낚아 올린 퍼덕이던 고기처럼 활달했던 임이여. 그립구려…. 월전 부락 드라마세트장인 멋진 성당을 카메라에 담고 임의 마지막 근무지였던 기장군청 사무실을 쳐다보며 건강했던 임의 모습을 한 번 더 떠올려본다.

60년대에 우리들의 데이트 장소였던 갈대숲을 찾아보니 도로 개발의 소용돌이 속으로 사라지고 개울물만 흐르고 있다. 나의 임도 추억의 갈대숲도 지금은 기억 속에만 흐르고 있네.

'보고 싶다. 보고 싶어. 임이여, 내 사랑아!'

드라마 세트장인 성당 ▶

# 문오성 해안길

◀ 길천 성당 예수님
▼ 임랑 해수욕장

어제 봉사활동을 마치고 양산 말찌나 형님네에서 하룻밤 신세를 지고, 희야 언니를 오늘은 송정에서 만나 함께 시골집으로 가려고 한다. 시간을 맞추기 위해 해파랑길을 역으로 걷기로 한다. 월평사거리에서 37번 버스를 타고 가다가 길천에서 내려 길천 성당까지 걸어 들어가 오전 10시 30분부터 걷기 시작한다. 자주 다녔던 마을이라 더 정겹고 편안하다.

　정훈희 씨의 카페를 카메라에 담고 낯익은 해안길을 걸으며, 임과 자주 오르던 달음산 모습을 멀리서 쳐다보며 함께 이 길을 다녔던 때를 아련히 떠올려 본다. 늘 함께 다니며 다정히 이야기 나누던 우리들의 참 아름다웠던 시절, 건강했던 그때가 그립다.

　임랑 해수욕장, 유치환 씨와 이영도 여사의 편지 속에 많이 등장하던 장소였던 것 같다. '사랑했으므로 행복하였네라' - **사랑하는 것은 사랑을 받느니보다 행복하나니라. 오늘도 나는 에메랄드빛 하늘이 환히 내다뵈는 우체국 창문 앞에 와서 너에게 편지를 쓴다. -**

　이 시구절을 줄줄 외우고 그분들의 사랑을 흠모했었지. 진정 나도 사랑했으므로 행복하였네라. 늘 행복하다고 되뇌이며 살고자 한다. 임과 가끔 해거름에 들러 통기타 음악을 듣던 카페 앞마당으로 들어서니 기타 음률에 맞추어 흥겹게 노래 부르던 임이 더 보고 싶어진다. 문오성 해안길에서 그물 손질하는 분들의 바쁜 손놀림을 해변 정자에 앉아 멍하니 쳐다보며 상념에 젖어본다.

친형제보다 더 챙겨주며 지내던 분들이 살고 있는 문오성의 해안길. 이제 목소리도 멀어져 버렸고 그들의 그림자도 찾을 수가 없다. 임이 없으니 그들과의 인연도 끊어져 버렸나 보다. 형님, 형님 하며 늘 신선한 해산물을 마련해 두고 함께 먹자고 부르던 이들, 늘 친동생처럼 따르며 형님을 존경한다던 분들, 너무나 정답게 지내던 사람들이었건만, 참 허망하다는 생각이 든다.

이동부락에서 칼국수 한 그릇으로 점심을 때운다.

해안로가 잘 조성되어 있는 한국유리회사 뒷길을 천천히 걷는다. 바닷가에 앉아 해녀들의 들숨 날숨 소리에 젖어본다. 나도 물속 잠수는 잘하는 편이다. 중2 때 마을 앞 죽도 섬으로 수영해 들어가다가 쉼 돌에서 큰 문어를 한 마리 잡아 문어 대가리를 뒤집어 물 위에 몇 번인가 패대기쳐서 힘 빠진 문어를 들고 수영하여 뭍으로 나온 적이 있다. 기회가 되면 해녀복을 빌려 입고 물속을 헤매며 해초와 물고기 벗하며 놀아 보고 싶다. 해녀의 남편이 마중을 나와, 망태기에 한가득 채워 나온 해산물을 지게에 올려 아낙과 함께 가는 모습에 나는 부러움을 느낀다.

멀리 우리 가족의 보금자리였던 선우아파트가 눈에 들어온다. 많은 추억이 있는 집, 아픔과 행복이 묻어 있는 곳, 나의 임은 이 집에서 투병을 하다가 지금의 시골집으로 이사를 했다. 추억이 있는 집 주변을 천천히 걸어본다. 낯익은 얼굴들을 볼 수 없음에

시 골 아 낙, 추 억 을 업 고 걷 다

감사한다. 왠지 나의 아픔을 아는 이들을 만나고 싶지 않다. 해파랑길 조성하느라 우리가 살 때는 없던 아름다운 길들이 잘 조성되어 있다. 그 길을 천천히 걸어 둘째 날 걸었던 끝 지점인 기장 버스정류소에 가서 버스를 타고 송정에 가서 희야 언니를 만나 돌솥밥 집에서 언니가 길 잘 걸으라면서 사주는 밥을 먹고 박곡마을 시골집으로 향한다.

# 아들과 함께한
# 국토순례 전날 밤

**경남 군북 박곡마을 – 해남 땅끝마을**

금요일 오후에 아들과 함께 해남으로 가서, 토요일 오늘 아침부터 길을 나서기로 계획을 세웠는데, 아들이 문상 갈 일이 생겨서 일정이 하루 늦어진다.

나는 컴퓨터도 잘 다룰 줄 모르고 스마트폰도 다양하게 사용할 줄 모르는 시골 아낙이다. 추억 여행 출발 전, 마을길을 걸으

시 골 아 낙 , 추 억 을 업 고 걷 다

며 스마트폰으로 사진 찍는 법을 익혀본다. 마을 입구 표지석을 휴대폰에 담고, 집 앞마당의 꽃망울을 터뜨리려 하는 수선화와 주변 산에 울긋불긋 핀 진달래, 방긋이 막 웃으려 하는 백목련을 휴대폰에 담으며, 나 건강하게 잘 다녀와서 다시 만나세, 하며 인사를 한다. 지금 마음의 상태는 기쁜 건지, 아님 슬픈 건지 가늠할 수가 없다. 우리 집 강아지 복순이가 꼬리 치며 인사한다. 마음이 짠하다. 주인인 내가 한 달간 집을 비울 텐데 외롭지는 않을까? 하는 마음에서다. 그래도 목줄을 풀어놓고 키우니 복순이는 마음대로 뛰어다니며 놀 수 있겠지 하며 위안을 삼는다.

내가 네이버 지도에서 며칠을 검색해서 계획을 세운 날짜는 29일, 총거리는 875㎞이다. 거리는 걸어 보아야 정확하게 나올 것 같고, 29일간 걸어야 아들이 하루만 휴가를 내어 나를 데리러 올 수 있다.

현재 나의 체중은 54.5㎏. 아들이 배낭 무게를 5㎏만 해야 된다고 한 달 전부터 성화를 부렸는데(체중의 10%로만 지고 다녀야 된다나) 여벌 옷 한 벌에 속옷 두 장씩, 양말 9켤레, 감말랭이, 견과류, 대용식, 기초화장품, 선크림, 몸살약, 피부연고, 바셀린, 근육통 크림, 반창고, 프로폴리스, 마스크 등등을 넣으니 배낭 무게가 7㎏이다.

하동에서 경북 청송까지 먼 길 문상을 다녀온 아들이 피곤한 내색을 감추고 나의 일정이 하루 늦어진 것에 죄송하다고 말하면서 둘이서 오후 3시 40분에 집을 나선다. 아들을 너무 힘들게 하는 것 같아 마음이 편치 않다.

나의 집 박곡마을에서 해남까지 가는 길도 꽤 멀다. 한참을 달려가니 쌍둥이 섬과 하루에 두 번씩 육지가 된다는 섬들이 물이 빠져 우리 두 모자를 반겨 준다. 잔잔한 바다가 평화스럽다. 아들은 추억 여행을 떠나는 엄마의 마음을 너무 잘 헤아려서, 토말 돌탑 옆에서 아버지랑 찍은 사진처럼 그곳에 가면 아들이 아버지 자리에 서서 똑같은 모습으로 사진을 찍자고 했다. 아들의 마음 씀씀이가 고맙다. 불현듯 아련한 추억이 되살아나 눈물이 나려 한다.

1998년, 월출산 구정봉

1998년, 월출산 억새밭

1998년 12월 19일, 나는 임과 함께 월출산으로 늦가을 여행을 떠났다. 승호 스님께서 도갑사에 숙소를 마련해주셨는데, 먼 길 운전이 너무 피곤하여 우리는 월출산 관광호텔에서 하룻밤 피로를 풀고 아침 일찍 도갑사로 들어갔다. 주지스님께서 반가이 맞아주셨다. 함께 차를 마신 후 우리는 월출산 등산을 시작하였다. 황금색을 띠는 억새밭이 풍요로웠으며, 구정봉에서 언제나 함께할 것 같은 다정한 포즈로 사진을 찍고 천황봉 꼭대기 정상에 올랐다가 풍천문을 지나 구름다리에 다 달았다. 출렁다리를 건널 때 다리 중간에서 어여쁜 아가씨가 겁에 질려 바들거리며 오도 가도 못하고 그 자리에 서서 꼼짝도 못하고 있는 모습이 보기에 안쓰러워,

"그렇게 무서워요?"

"함께 건너가 보아요." 하며 내가 손을 내밀자 아가씨는 용기를 내어 내 손을 잡고 출렁다리를 무사히 건너고 나서야 고맙다는 인사를 했다. 참 무서웠던 모양이다. 나는 무서움이 없는 여자다. 그래서 그런지 매사 도전적이면서 진취적이고 용감하고 씩씩하다.

도갑사 반대쪽으로 하산하여 택시를 타고 도갑사로 돌아와 하루를 묵고 땅끝마을로 향했다. 전망대와 돌탑 옆에서 사진을 찍고 달마산 미황사로 출발. 미황사에서 하룻밤을 지내고 달마산 등산을 한 후, 차로 이동 중에 멋진 산이 있어 올라가 본 산이 주작산이다.

우리 부부는 주말이면 여행을 다녔고 가끔 휴가를 내어 여행하기를 즐겼다. 지난날 손잡고 다정스레 함께했던 길을 오늘은

임을 가슴에 안고, 사진 속의 임을 업고 추억 여행을 하고자 한다. 기억은 곧 사랑이라 하지 않던가! 어제도, 오늘도, 내일도 나의 임을 기억하며 사랑하리라.

해가 지기 전에 땅끝마을에 도착하여 전망대가 있던 자리에 가보니 그때의 모습은 사라지고 한반도 최남단 땅끝 표지석이 자리하고 있다. 아들이 몇 년 전에 친구와 여행 중에 잠시 이곳에 들러 모노레일을 타고 산 위에 있는 전망대에 가보았다고 한다. 세월이 얼마나 많이 흘렀던가! 우리가 처음 만났던 갈대숲도 사라져 버렸고, 내 곁에도 나의 임 대신 장성한 아들이 자리하고 있는 것을 보니.

아들이 친구와 함께 푸른모텔에 머물렀다면서 그곳에 숙소를 정하고 모텔 앞 한정식집에서 풍성한 상을 아들과 마주하고 앉아 소주 한잔을 나누며 알찬 여행이 되기를 건배해 본다. 오랜만에 아들과 한방에서 잠을 청해본다.

저녁  한정식 32,000원
숙소  푸른모텔 30,000원
　　　아들이 결제

# 추억의 미황사

땅끝마을 → 송호리 해송림 → 경치 좋은 길 → 산정 → 신기 → 미황사

1998년, 토말 돌탑과 전망대

2015년, 아들과 함께

## 추억 속의 그 전망대가 없어졌으니 어찌합니까?

세월의 무상함 앞에서 서운함을 감출 수 없어, 땅끝 표지석에서 아들과 함께 사진을 찍어 본다. 이 여행을 잘 마무리할 수 있기를 소원하며 소원 성취 다리에도 올라가 보고 아들이 멀리서 오는 모습으로 사진을 한 장 찍자고 하여 손을 흔들며 여행을 끝내고 반가이 아들을 만나는 것처럼 연출을 해본다. 혼자 먼 길을 계획한 엄마의 모습이 안쓰러웠던지,

"언제든지 힘들면 전화하세요. 평일이라도 달려갈게요. 건강을 해치면 안 되니 절대 무리해서 걷지 마세요."

신신당부를 하며, 일요일이지만 출근을 해야 한다면서 서둘러 떠난다. '그래, 고마우이.' 눈가에 이슬이 맺히는 것을 감추고 떠나는 아들의 뒷모습을 보니 마음이 휑하다. 이제부터는 나 혼자다. 앞으로 29일간 이천리를 걸어가야 한다. 마음을 굳게 먹어야 한다. 아자, 아자!

푸른모텔 앞 '황금횟집'에 들러 된장찌개를 시켰다. 된장찌개 맛이 참 좋다. 나는 육류를 싫어하는데 육류 없이 미더덕이랑 새우랑 해산물들이 많이 들어간 찌개 맛은 내 입맛에 딱 맞다. 식당 분위기는 깔끔하고 주인은 친절하다. 몸이 아픈 남편 병수발 하면서 식당을 운영한다고 한다. 같은 아픔을 겪은 나의 마음이 '싸아' 하고 아려 온다.

식당에서 아침 9시에 출발하여 비릿한 바닷바람을 맞으며 힘차게 오르막길을 경쾌한 걸음으로 걷는다. 드디어 첫발을 내디딘 것이다. 모노레일을 타고 올라가야 하는 전망대가 보인다. 돌

탑과 전망대가 나를 부르는구나. 참 길이 잘 되어 있네 하며 걷는데, '아뿔싸' 첫걸음부터 길을 잘못 들었다. 그렇지만 잘 올라왔구나 싶다. 그곳에는 추억 속의 돌탑과 업그레이드된 전망대가 나를 반겨준다. 아주 만족해하며 전망대에 오른다. 전망대 오르는 길가에 서 있는 비석에 새겨진 시구절이 마음에 와 닿아 옮겨본다.

**땅끝마을에서 부르는 노래**

송수권

달마산 찾아 땅끝마을
불끈 솟은 사자머리 턱봉을 오르니
오늘은 바람 불고 물파랑만 높다
저 미황사 스님들 궁고 치는 날인가 보다

백두대간을 따라오다 마지막 끝난 지점
돌아서서 보면 다시 처음의 시작이기도 한
이 길은 언제나 희망이었고 믿음이었다.
그러므로 축복이 열리는 땅
갈무리에 와서 하룻밤을 지새우고 나니
가슴속에 벌써 불곰 같은 아침 해가 뜬다

누군가 첫발을 내디뎠을 때

그 길은 늘 혼자였고 두려움이었다

그러므로 내 외로운 낯선 방황도

오늘 이곳에 와서 다시 첫 발자국을 찍는다.

'내 외로운 낯선 방황도 오늘 이곳에 와서 다시 첫 발자국을 찍는다'는 글귀가 지금의 나의 마음을 대변하는 것 같다. 송 시인은 강원도에서 백두대간을 따라 내려와 백두대간의 마지막 끝난 지점인 땅끝마을에서 또다시 첫 발자국을 찍는다고 했지만, 나는 그 반대로 땅끝마을을 시작점으로 첫 발자국을 찍고 백두대간을 향하여 낯선 방황을 시작하려 한다. 나는 이 낯선 방황을 나의 임을 등에 업고 함께 즐겨보려 한다. 덜렁대는 내가 첫날 첫 발자국부터 길을 잘못 들어 헤매기는

시 골 아 낙, 추 억 을 업 고 걷 다

했지만, 돌탑도 만나고 좋은 글도 만나서 흡족하다.

'이 덜렁아, 좀 침착하게 생각을 해가면서 걸으시게. 이 선머슴아 같은 것아.' 나를 나무란다. 이제부터는 찬찬히 생각하며 길을 들어서야지 다짐하며 마침 지나가는 승용차를 손을 들어 세웠더니 곱상한 여인 혼자 타고 가는 차라서 그런지 휑하니 그냥 지나쳐 버린다. 두 번째 승용차가 내 앞에 오길래 손을 든다. 가족을 가득 태운 지프차의 운전사가 어디까지 가느냐고 묻는다. "요 앞까지만 잠깐 태워 주세요." 했더니 타라고 한다. 부인과 아이 셋이 함께 김해에서 여행을 왔노라고 말하는 젊은 부부의 모습에서 싱그러움을 느낀다. 그 옛날 우리 부부의 모습도 어쩌면 이러했겠지. 푸른모텔 앞에 도착하여 승용차에서 내려, 다시 길을 걷는다.

어제 오후에 육지가 되어 반겨주던 섬들이 본연의 모습으로 돌아가 아름다운 자태를 뽐내고 있는 '경치 좋은 길'이라는 팻말이 붙어 있는 길을 걷는다. 길은 아름답지만, 황사가 심하다. 첫날인데 날씨가 덥고 힘이 많이 든다. 국토순례를 하는 많은 사람들이 땅끝마을에서 남창마을까지 첫 코스로 걷는다고 하지만, 나는 달마산 미황사의 추억을 찾아 그곳으로 향해 길을 재촉한다. 아들이 한 시간에 한 번씩 전화를 해서 황사가 심하니 마스크를 꼭 쓰고 걸어라, 선크림은 잘 발랐느냐? 선글라스는 쓰고 걷고 있냐? 성화를 부려댄다. '그 아버지의 그 아들 아니라고 할까 봐,

꼭 지 아비를 닮아가지고.'

오후 1시, 땅끝하나가든에서 점심을 먹는데 너무 힘들어서 밥이 목에 잘 넘어가지를 않는다. 신기부락 앞 큰 저수지에 다 달았다. 먼발치에서 낚시하는 부부를 발견했다.

순간 우리 부부의 지난날 모습이 떠올랐다. 우리는 주말마다 봄부터 가을까지는 낚시를 다녔다. 일기가 나빠 낚시를 할 수 없으면 등산을 했다. 동적인 바다낚시보다 정적인 민물낚시를 나의 임은 더 많이 즐겼다. 하루 종일 입질 몇 번만 있어도 미세하게 움직이는 찌만 바라보며 새소리, 바람소리 벗하며 사색에 잠긴다. 바쁜 일상에서 벗어나 더디게 사는 삶 같은 민물낚시의 시간이 더 좋았다. 경남 경북의 저수지와 대구의 먼 못, 경산의 도유지, 의령 행정지, 번개늪 등 수없이 낚시를 다녔다.

어느 날 창녕 유리지 낚시를 갔을 때였다. 내가 팔이 아플 정도로 큰 붕어를 낚아 올린 적이 있다. 그날 우리 부부는 참으로 희귀한 모성애를 보았다. 하늘에서 황새 한 마리가 물속에서 무리지어 다니는 가물치 새끼를 먹기 위해 쏜살같이 수직으로 내려오는데, 그것을 본 가물치 어미가 물속에서 높이 뛰어올라 황새로부터 새끼들을 보호하는 것이 아닌가! 그날 본 가물치 어미의 모성애는 정말 감동적이었다.

또 합천댐 밤낚시 추억은 가히 환상적이었다. 깊은 물속에서 춤추던 야광찌의 화려한 모습이 지금도 눈에 선하다. 밤늦게 도착하여 정신없이 평지에 텐트를 치고 환상적인 밤낚시를 즐기고 잠을 잘 자고 일어나서 텐트를 철수하니, 우리의 잠자리가 묘지를 이장한 자리였다. 왠지 아늑하고 좋은 느낌이더니…. 어르신 하룻밤 고맙습니다. 그때 난 앞치기로 소리 없이 포인트에 낚싯바늘을 넣을 수 있는 실력까지 갖추고 있었다.

2003년 6월 어느 날, 함안 칠원 장암지에서 내가 붕어 월척을 한 이후로 우리는 낚시 졸업을 하였다. 나의 임과 함께한 참 행복했던 추억의 나날들….

1998년, 미황사에서 임과 함께

2015년, 미황사에서 나 홀로

오늘은 첫날이고 걷는 거리도 짧아서 쉬엄쉬엄 걸었지만, 왼쪽 발과 오른쪽 정강이가 아프다. 오후 4시 미황사에 도착한다. 오랜만에 와 본 미황사이다. 1998년도에 나의 임과 함께 와서 사진을 찍은 장소에서 오늘은 나 혼자 외로이 사진을 찍는다. 옛날 공양간은 이제 손님들 숙소로 변하였고, 우리나라 최초의 템플스테이 사찰인 만큼 미황사 공양간은 아주 크게 잘 지어져 있다. 오후 6시에 저녁 공양을 하고, 오후 7시에 처음으로 저녁 예불에 참석해 본다. 절 직원 중에 템플스테이 온 외국 학생들을 가르치는 분이 친절하게 안내해주어서 따라 하기가 쉽다.

처음 이 여행을 계획하면서 제일 고민했던 것은, 여행 중에 '잠은 어디서 자며, 밥은 잘 먹을 수 있을까?'였다. 오늘은 미황사에서 잘 먹고 편히 쉬게 해주신 절에 종사하는 분들께 감사의 인사를 드린다. '감사합니다.'

황금횟집 된장찌개                                    땅끝하나가든 정식

**아침**  황금횟집 된장찌개 8,000원
**점심**  땅끝하나가든 정식 8,000원
**저녁**  미황사
**미황사 시주**  10,000원
**걸은 거리**  19.5km

**2일째**

# 배고픔

**미황사 → 월성리 → 남창 사거리 → 쇄노재 고개 → 신전면**

새벽 4시 목탁소리에 잠을 깨어 4시 20분부터 새벽 예불에 참석했다. 저녁 예불과 같은 의식을 마치고 20분간 참선 시간을 가진다. 주지스님께서 코로 숨을 깊이 들이쉬고 내쉬기를 천천히 반복하면서 '나는 누구인가?' 나를 느끼는 시간을 가져보라고 하신다. 나는 왜 이 길을 시작했을까? 이 길이 나의 아픔을 치유해줄 수 있을까? 나의 허허한 마음을 메꿔줄 수 있을까? 계획한 대로 잘 걸을 수 있을까? 모든 것이 잘되었으면 하는 바람을 가져본다.

한 주의 시작을 새벽 예불로 열며 아침 공양을 했다. 미황사의 식사는 너무 깔끔하고 맛난 사찰음식이다. 뷔페식으로 각자가 먹을 만큼 담아서 먹는다. 단아한 흰 사기그릇에 정갈하게 담겨 있는 반찬들, 고기 한 점 없는 사찰 반찬의 그 맛은 담백하고 깔끔해서 피곤에 지친 나그네의 육신을 풀어주는 영양식 그 자체다. 주지 스님께 잘 묵고 가노라고 감사의 인사를 드린다.

'아, 국토순례하는 분이시죠? 끝까지 잘 걸으세요.' 스님의 덕담에 합장 인사를 나눈다.

아침 8시에 출발하여 미황사 뒤쪽 달마산을 쳐다보며 신전면을 향해 길을 걷는다. 버스 정류소에서 차를 기다리는 할머니께서 시골은 버스가 자주 다니지 않아 많이 불편하다는 말씀을 하며 젊은 아낙이 누가 업어 가면 어쩌려고 차도 안 타고 혼자 걷느냐고 걱정을 하신다. 그 마음이 고맙다. 중늙은이인 나를 누가 업어 갈라고, 나이 들었음에 편안함을 느낀다. 한참을 걸으니 '땅끝 천연 숲 옛길'이라는 이정표가 천천히 한번 걸어 보라고 하는 것 같았지만, 일정대로 걸어야 되니까 아쉽지만 이 마음을 접는다. 다음에 오게 되면 꼭 걸어 보고 싶은 길이다. 남창 사거리를 지나 쇄노재 고갯길을 올라 이곳에서 점심을 먹으려고 했는데, 주유소와 식당이 영업을 하지 않는다. 남창에서 점심을 해결해야 된다. 배고픔을 달래기 위해 폐쇄한 주유소 바닥에 앉아서 감말랭이와 견과류 등으로 허기를 달랜다. 집에는 과일이랑 먹을 것이 풍족하건만 길 객은 배가 고프다. 나는 배고픈 시간이 길어

지면 힘이 빠져서 한참 동안 맥을 추스를 수가 없다.

지난해 꿀 채취하는 날이었다. 나는 10년 넘게 양봉을 취미생활로 하며 지내고 있다. 시골 가서 벌이나 키우면서 꿀 따서 먹자는 생각으로, 벌 키우는 일이 많은 노동을 요구한다는 사실을 모른 채 벌 세 통을 분양받아서 키우기 시작했다. 재미도 있지만 힘든 일도 너무 많다. 꿀 채취는 유밀기에 벌들이 보관해 둔 꿀의 수분을 밤새 날갯짓으로 말려 놓은 상태에서 그 날의 꿀을 채취해 오기 전 새벽 시간에 작업을 해야 양질의 꿀을 얻을 수 있다. 나는 언제나 요기를 약간하고 작업을 시작하는데, 지난해는 일을 도와주려고 온 언니와 조카가 안 먹겠다기에 그냥 시작하였고, 꿀 채취 시간도 많이 걸렸다. 너무 배가 고파서 짜증이 나고 밥도 제대로 먹을 수가 없었다. 이후로 가슴이 답답하고 힘 없는 증세가 며칠간 지속되어 결국 한약을 지어 먹어야만 했다. 그때 배고픔이 어떤 것인지 알 수 있었다.

벌들은 정말 부지런하고 맡은 임무에 충실하다. 여왕벌은 하루에 알을 2,000~3,000개씩 산란을 하고, 일벌들은 태어나면

*41*

처음에는 다른 벌들로부터 먹이를 공급받아 소방 청소에 임한다. 다음에는 알의 보온 유지에 힘쓰며 출방 후 18일까지는 여왕벌 시중들기, 밀랍 분비하여 집짓기 등의 일에 참여하는 내역벌로 있다가 18일 이후 외역벌로 15일 정도 생활한다. 양봉인들은 유밀기에 외역벌 숫자를 늘려야 많은 꿀을 얻을 수 있다. 외역벌이란 집 지키기, 꽃꿀과 꽃가루 운반하기의 임무를 수행한다. 봄철 일벌의 수명은 1~2개월 정도이며 겨울철에는 4~6개월 생존한다. 여왕벌은 3년 정도 생존할 수 있으나 양봉인 들은 늦어도 1년에 한두 번 여왕을 교체해주는 작업을 한다. 일벌은 1~2개월 살지만, 여왕벌이 3년간 생존할 수 있는 것은 양질의 먹이 때문이다. 여왕벌이 먹는 그 양질의 먹이가 바로 로얄제리다. 여왕벌만이 로얄제리를 먹고 성장한다. 일반 사람들도 어떤 음식을 먹느냐에 따라 건강이 좌우된다고 생각한다. 나는 양봉일을 하며 양질의 로얄제리와 꽃가루, 프로폴리스를 먹을 수 있으며 내가 직접 재배한 무농약 채소로 식단을 꾸려가기에 난 여왕벌처럼 부지런히 씩씩하게 걸어보리라. 살아 있는 벌들을 관리하는 일이 힘은 들지만, 나는 이 일을 즐기며 하고 있다.

나의 임이 세상을 떠나기 전날 한 말이 생각난다. 시골집에서 좀 더 벌들을 돌보며 부지런히 움직이며 살라고 했다. 왜 이 힘든 일을 계속하라고 했는지 임을 보내고 양봉일을 계속하면서 알 수 있었다. 양봉일이란 해도 되고, 안 해도 되는 것이 아니라,

안 하면 안 되는 일이 벌 돌보는 일이다. 이 일은 몇 시간 늦게 해도, 하루를 늦추어도 안 된다. 여왕을 만들 때는 시간이 조금이라도 늦으면 먼저 태어난 여왕이 태어나지 않은 왕들을 다 죽여 버리기도 하고 집이 복잡하면 분봉을 나가 버리기도 한다. 나는 양봉일에 묻혀 살면서 임을 여윈 슬픔과 외로움을 가끔은 잊기도 하며 잘 견뎌낼 수 있었다.

이제 이틀째 걷는데 발바닥과 오른쪽 어깨가 아프다. 겨우겨우 신전면까지 왔건만 숙소가 없다. 면사무소에 가서 혼자 계시는 할머니 댁이나 하루 머물 수 있는 곳을 구해달라고 부탁을 드렸다. 길을 걸으면서 시골 마을에서는 쉽게 하루 정도는 지낼 수 있으리라 생각했었는데, 요즘은 나그네를 아무도 믿지 않으며 반겨주지도 않는다는 사실을 알게 되었다. 왠지 섭섭하다. 면사무소 직원이 주작산 휴양림에 방을 구해준다. 기사식당에 들러 저녁을 먹는데 점심도 못 먹었건만 밥이 도저히 넘어가지를 않는다. 팩을 한 장 얻어 마른반찬을 넣고 버무려서 주먹밥을 만들어 택시를 타고 휴양림으로 향한다. 제일 끝 지점 '미선나무실' 한 가족이 쉴 수 있는 공간이다. 공간이 넓으니 혼자인 내가 더욱더 왜소한 느낌이다. 순간 많은 이들이 그립다. 함께 이 공간을 채울 수 있으면 얼마나 좋을까? 아무도 없는 깊은 산 속 통나무집에서 TV도 켜지 않은 채 그냥 멍하니 앉았다가 어디서나 늘 그러하듯이 외로움과 벗하며 잠을 청해본다. 따뜻하고 깔끔하고 편안한 느낌이다.

미황사 아침

**저녁**  7,000원
**택시비**  7,000원
**숙소**  주작산 휴양림 60,000원
**걸은 거리**  25.4km

# 다산초당의 추억을 만나다

신전면 → 도암면 → 성자마을 → 다산초당 → 백련사 → 남도 유배길 → 강진

처음 일정표를 만들 때 주작산은 어떻게 할까 하고 생각하다가 그냥 지나치기로 하였다. 그런데 막상 오늘은 내 등에 업힌 나의 임이 가보고 싶었던 모양이다. 지난날 달마산 등정을 한 후에도 주작산 등정은 계획에 없었는데 차를 타고 스쳐 지나가다가 멋진 산을 보고 나의 임이 저 산에도 한번 가보자고 하여 올랐던 산이다. 나는 이번 일정에 주작산은 계획에 넣지 않았다. 그렇지만 오늘은 새벽에 일어나서 추억 속의 그 산을 나의 임을 가슴에 안고 함께 걷는다. 아름다운 새소리와 잔잔하고 상큼한 바람만 데리고 우리 두 사람만의 비밀정

원 같은 길을 걸으며 둘은 많은 이야기를 주고받으며 추억 속으로 흘러든다.

1998년, 주작산 임과 함께

2015년, 주작산

패러글라이딩 활공장이 있고 삐쭉삐쭉한 돌산이 우리를 맞아 준다. 아무도 없는 산길이 얼마나 호젓하고 좋은가. 나는 혼자 산책하기를 좋아한다. 많은 이들이 무서워서 어떻게 혼자 걷냐고 하지만, 묵주 하나만 손에 들고 걸으면 아무런 두려움이 없다. 간밤에 이 깊고 넓은 산속의 통나무집에서도 얼마나 편히 잘 잤던가!

주작산 정상을 코앞에 두고 돌아서서 내려와 어제 저녁의 주먹밥과 대용식 한 그릇으로 아침을 해결하고 다음에 손주가 생기면 이곳에 함께 와보고 싶다는 생각을 하며 아침 9시에 길을 나선다. 어제 타고 온 택시 기사님을 부른다. 택시 기사님께 주작

시 골 아 낙,  추 억 을  업 고  걷 다

산을 배경으로 나의 뒷모습 사진을 한 장 부탁했더니, '왜, 뒷모습을 찍어달라고 할까?' 묻는 것같이 의아한 표정으로 사진을 찍어준다.

9시 30분 신전면 삼거리에서 걷기 시작한다. 연녹색의 보리밭과 저 멀리 주작산 정경이 잘 어우려져 봄의 아름다운 정취가 흠뻑 묻어난다. 정겨운 풍경이다.

1993년 9월, 다산초당 정자에서의 임의 모습

성자마을에서 다산 초당으로 가는 3㎞ 넘는 길은 차량 통행도 거의 없고 걷기에 안성맞춤이다. 다산초당에 들러 옛 추억들

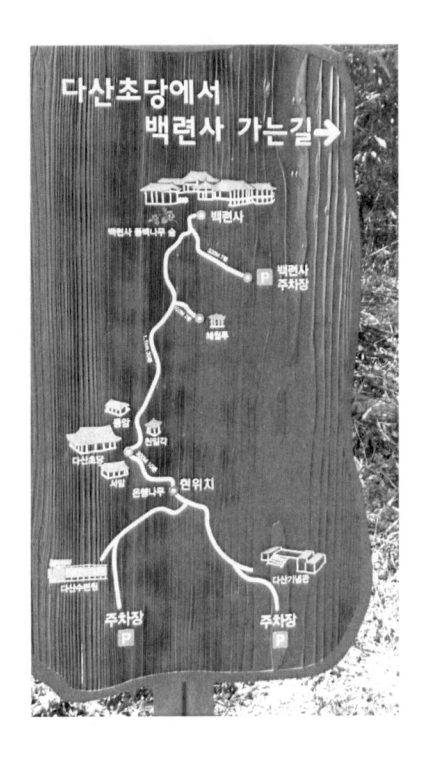

과 만나본다. 방명록에 기록하던 일, 굴뚝을 쳐다보며 선조들의 난방 기술에 대해 나눈 이야기, 정자에 앉아 정약용의 형님에 대한 그리움을 떠올려 보던 일 등 임이 앉았던 정자의 모습은 그 자리에 묵묵히 있건만, 임은? 그때의 그 모습으로 나의 등 뒤에 있는 임을 그 자리에 앉혀 보고 싶다. 다산초당은 한창 수리 중이라 좀 어수선하다. 그때는 없었던 백련사로 걸어서 넘어가는 길이 잘 조성되어 있기에 그 길로 들어서니 아, 정말 좋구나. 많은 이들에게 한번 걸어보라고 권하고 싶다는 생각을 한다. 다산초당 초입에 식당이 있던데 내려갈 때 먹으려고 지나쳐 왔더니 배가 고프다.

백련사 가는 길 나무 벤치에 앉아 쉬고 있으니 김해에서 관광 오셨다는 아저씨께서 나의 배낭을 보더니 점심을 안 먹었으면 김밥 도시락을 주겠다고 하면서 김밥과 건빵 한 봉지를 주신다. 고맙습니다. 주위에 계신 분과 김밥을 맛나게 배불리 먹었다, 호젓한 산길을 넘어 백련사도 만나고 추억의 동백꽃 길과도 인사를

시골 아낙, 추억을 업고 걷다

나누었다. 그때는 다산초당에 둘러보고 차로 백련사까지 이동하여 탐스러운 동백꽃 길을 둘이서 다정하게 손잡고 걸었는데, 오늘도 둘이건만 등 뒤의 나의 임은 말이 없다.

해안으로 내려와 방부목으로 되어 있는 길에 털썩 앉아 등산화, 양말을 벗고 발가락에 햇빛과 산소를 넣어주며 발에게 고마움과 미안함을 전해본다. 거의 두 시간에 한 번꼴로 양말을 벗고 바람을 쐬어 주는데 발이 많이 아프다.

강진읍이 아득히 보이는 곳, 멋진 정자에 앉아 한참을 쉬고, 방부목으로 조성되어 있는 정약용의 남도 유배길을 뒷걸음으로 그분께서 걸어가신 발자취를 그려보며 한 시간 삼십 분 동안 걸었다. 자전거 도로로 조성되어 있고 통행이 거의 없다. 우측은 갯벌과 갈대숲으로 철새 서식지이고, 좌측은 논과 차도가 보이고 멀리 강진읍이 보인다. 철새들의 노니는 모습이 참 정겹다. 강진에는 숙소가 있을 것이라는 확신이 있고 오늘은 주작산, 다산초당, 백련사, 남도 유배길까지 걸으니 세 마리 토끼가 아니라 네 마리 토끼를 잡은 기분이다.

다산 정약용 남도 유배길

멋진 추억과 만날 수 있어서 흡족한 하루였다. 강진군청 앞 거목식당에 들러 오늘 처음으로 제대로 된 밥을 먹는다. 거목식당 여사장님은 참 멋진 분이다. 여장부다운 모습하며 말씀도 시원시원하고 길 객인 나에게 맛난 음식도 주고 깨끗하고 아늑한 숙소를 추천해주셔서 고맙다.

식당 여사장님께서 권해주는 보금모텔에 숙소를 잡는다. 숙소 여사장님도 친절하고 깔끔한 잠자리다. 왼쪽 발가락 물집을 바늘로 터트리고 소독한다.

'발아, 고맙고 미안해.'

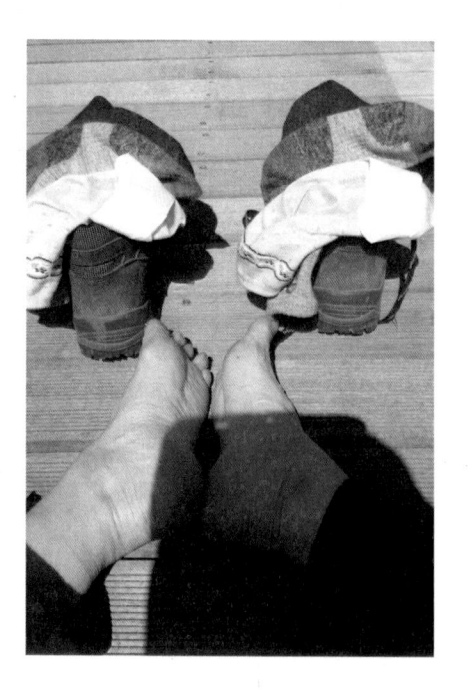

▲ 휴양림 아침
▶ 김치찌개 저녁

**저녁** 강진읍 거목식당
　　　 김치찌개 6,000원
**숙소** 강진읍 보금모텔 30,000원
**걸은 거리** 25.7㎞

# 행복한 아낙

**강진 군청 → 군동면 → 내동마을 → 장흥 강뚝길 → 장흥군청**

남도 맛집에서 아침을 먹고 아침 9시에 맛집 좌측길로 걷는다. 오늘은 시작부터 다리가 많이 무겁다. 보성까지 37㎞, 이정표가 일정이 하루 늦어진 나를 슬쩍 건들며 유혹하지만, 쉬엄쉬엄 장흥까지만 가기로 하고, 아름다운 군동면 오신마을, 내동마을 버스 정류소마다 앉아서 쉰다. 오늘은 걸을 거리가 짧아서 너무 일찍 도착하면 여인네 혼자서 모텔 방에 들어가 쉬기도 왠지 마음이 내키지 않는다. 집 떠나 길을 걷는다는 것은 먹고, 자고, 쉬는 아주 기본적인 것들이 매우 어렵다.

오늘도 점심 먹을 식당이 보이지 않는다. 건빵과 견과류로 점심을 대신한다. 우리는 낚시가 한창 잘되는 시기에는 집에서 찰밥을 하여 깨소금을 넣고 주먹밥을 만들어 포일에 싸 가지고 다니곤 했다. 야외에서 밥 짓는 것은 시간을 많이 낭비하기 때문이다. 밥 지을 때 바람막이를 해도 바람이 불을 약하게 만들고, 코펠로 짓는 밥은 쉽게 잘 넘치며, 무엇보다 찌에 눈을 주고 있다가 입질을 하면 고기를 낚아 올려야 하니 주먹밥이 제격이다. 나의 임과 함께 나누어 먹던 고소한 주먹밥이 새삼 그립다.

등산화가 뻣뻣해서 발목이 너무 아프다. 압박붕대를 구입해서 감아야 할 것 같다. 아들이 길 걸을 때 신으라고 사준 워킹화를 배낭에 매달고 올걸 그랬나? 후회를 해본다.

장흥에 오후 3시 10분에 도착. 멋진 강둑길이 나를 반겨 준다. 정자, 물레방아, 징검다리, 정남진물과학관 등 군데군데 좋은 글의 팻말이 정답다. '지치면 지고, 미치면 이긴다(강남 스타일의 가수 싸이가 한 말).' 이 글을 읽으면서 그래, 나는 이길 것이다. 꼭 완주할 거야. 하며 나를 채찍질해 본다.

정자에 앉아 쉬면서 만난 아낙이,

장흥강 징검다리

"어쩜 나이도 많이 된 것 같은데 집 식구들 밥은 어떻게 하고 혼자 길을 걷나요?"

그냥 말없이 웃고 있는 나에게, "참 행복해 보이네요." 한다.

"난 길 걷는 이 시간이 제일 행복합니다."라고 답한다.

그 아낙은 지아비를 잃은 지 7개월째인데, 집에 혼자 있기가 싫어서 밖에 나와 공공근로 일을 한다고 한다. 아낙의 말소리에 슬픔과 외로움이 묻어 나온다. 한참 힘든 때이다. 나의 그때를 떠올려 본다. 2009년 12월 24일 나의 임을 보내고 함안 골짝산 중턱의 넓디넓은 집에서 나 홀로 얼마나 힘들었던가.

2010년 초 그때는 하늘도 슬픈지 비 오는 날이 많았지. 내 가슴속의 눈물, 집 처마 끝의 빗물, 차를 몰고 어디론가 휘이 나가 볼까 하다가 나의 슬픈 모습을 누구에게도 보이고 싶지 않았고, 나를 만나는 사람도 슬퍼질 것 같아 나가지 않고 휑한 거실에 우두커니 앉아서 멀리 고속도로로 지나가는 차들을 보면서 어디로 가는 사람들일까? 차 속엔 누가 탔을까? 몇 명이나 타고 있을까? 그런 생각을 하며 추적추적 내리는 빗속에서 그리움과 슬픔과 허허한 마음과 친구 하며 고독감과 외로움과 싸우고 허탈감에 빠져 지냈던 시간들. 세월이 약이라지만 날이 갈수록 저세상으로 가신 임에 대한 그리움은 더해 가기만 한다. 머리로는 정리가 다 되지만. 마음은 언제나 허허하기만 하다.

나의 임은 2003년 7월 4일. 직장암 말기 판정을 받았다. 그날은 종일 비가 세차게 내렸었지. 이른 아침에 병원에 도착하였건만 상태가 나쁜지 검사는 오후 늦게까지 이어졌다. 보호자 대기실에서 모니터 화면을 보는 순간 의료 지식은 없지만, 상황이 아주 나쁘다는 것을 직감했다. 나는 재클린 케네디 여사가 외쳤던 '오, 노우.'를 속으로 계속 외치고 있었다.

나의 예상대로 말기 암 판정이 나왔다. 힘 빠져 있는 임을 태우고 세찬 빗길을 차를 몰고 집으로 향하면서 '지금 이 순간 이대로 함께 떠나고 싶다.'는 나쁜 생각이 잠깐 스쳐 지나갔다.

다음 날부터 암에 좋다는 식단을 공부하며 임의 몸에 좋은 식단을 꾸리고 수지침과 쑥뜸을 뜨고 왕소금을 뜨겁게 볶아 왕소금 뜸질에 비파뜸까지 내가 할 수 있는 일은 다 하려고 하였다.

7월 30일, 서울 A병원에 입원하였다. 8월 8일 수술. 8월 30일 퇴원.

다른 이들은 수술 후 일주일이면 퇴원을 하는데 대장 전체와 직장, 방광 일부를 제거한 나의 임은 장이 잘 퍼지지 않아서인지

물 한 모금도 못 먹고 하루에도 몇 번씩 천국과 지옥을 오가며 나는 엑스레이실과 병동을 하루 종일 동동거리며 다녔다. 수술 후 일어설 수 있기만을 간절히 염원하던 내게 임은 병실 바닥에 서서 첫발을 내디디며 큰 감동을 안겨주었다.

그때의 감동은 무어라 표현할 수 없는 환희 그 자체였다. 겨우 걸음을 뗄 수 있는 임과 함께 퇴원하던 날의 아픔. 하필이면 그 날 부산역 에스컬레이터가 고장이 나서 계단을 나의 부축을 받고 겨우겨우 올라야 했었지.

매일 아침 일광산 중턱까지 산행을 했으며 사병들보다 먼저 산을 오르던 임이 그 계단을 겨우 오르며 얼마나 낙심했을까? 나의 마음이 쓰려 왔다.

누우면 죽고, 걸으면 산다는 말을 떠올리며 퇴원한 다음 날부터 아침을 먹고 간식과 돗자리를 배낭에 넣고 임을 차에 태워 삼덕 프란치스코 수도원 마당에 차를 세워 두고 일광산을 걸었다.

몇 발자국 걷다 자리에 앉아 쉬고 그렇게 아기 걸음마처럼 걸으며 삶의 의지를 키웠었지.

수없이 서울을 오가며 항암 치료를 받던 때 서울에 도착하면 연대령님께서 마중을 나와 서울 근교 구경도 다니고 맛난 음식 먹어가며 지냈다. 어느 날 맛난 음식 사준 친구의 차에 '토'를 하였건만 마음씨 고운 연대령님은 인상을 쓰기보다 그럴 수밖에 없는 나의 임 등을 토닥이며 안타까워하고 늘 숙소도 잡아 주었다.

'연대령님, 고마워요. 그 따뜻한 마음 그 사랑 지금도 간직하고 있습니다.'

함안 공기 맑은 방어산 자락에 집을 짓고, 진돗개 한 마리 키우며 무농약 채소 심어 먹고 벌에게서 좋은 것 얻어 먹어가며 발견 당시 어렵겠던 나의 임은 용케도 잘 버텨주었다. 시골 생활은 육체적 어려움이 정말 많다. 가끔 시골에 오는 도시인들에게는 웰빙이 되겠지만 계속 시골에 살아야 하는 사람들에겐 골빙이라고 시골 살고 싶다는 분들께 나는 말한다. 낮에는 집 주변 정리 하느라 아카시아 가시에 찔리기도 하고, 밤이면 솔잎 가시에 찔려가면서 생활했다. 나는 쑥과 솔잎으로 요를 한 개씩 만들어 번갈아 가며 온도를 80도 정도 올려 그곳에서 매일 나의 임과 함께 잠을 잤다. 톱질도 하고 망치질도 해 가면서 힘든 하루하루였지만 나의 임이 내 곁에 있어 주는 것만으로도 나는 행복했다.

그렇게 5년이 지나자 암이 재발했다. 2008년 방사선 치료를 시작하기 위해 서울 A병원에 갔으나 항암치료환자는 입원이 안 된다. 그래서 풍납동에 원룸을 얻어 그곳에서 40일간을 새우잠을 자며 나는 지내야 했다. 그래도 그때가 행복했다. 직장암의 재발을 잡고 보니 또다시 폐로 암이 전이되니 이번엔 나의 임이 암 치료를 포기하고 만다. 내가 다시 교수님을 뵙고 약 처방을 받았으나 나의 임은 그 약을 하루 먹어보고는 약을 더 이상 먹지 않겠다고 버티며 이제는 암과 더 이상 싸우고 싶지 않다면서 걸을 수 있을 때까지 여행이나 다니자고 제의했다. 나는 임의 말대로 여행을 다니기로 마음먹었다. 경주로, 첫 부임지였던 가평 현리로 여행 다니며 아픔과 싸우며 또다시 추억을 쌓아 갔다.

본당 신부님과 이제껏 말하지 않고 지냈던 아버지 신부님께도 말씀을 드렸다. 그때 아버지 신부님께서 소록도 나환자의 행복에 관한 말씀을 들려주셨다.

누워서만 지내고 얼굴에서 어디가 코고 입인지 구분되지 않을 만큼 심한 나환자께서 성체를 모시며 '주님을 찬미할 수 있다는 사실 하나만으로 늘 행복하다'고 말씀하신다고 하셨다. 그에 비하면 우리는 얼마나 행복하게 살고 있느냐고 하시며 모든 성인 성녀 다 부르시며 뜨거운 안수를 해주셨다.

2009년 6월, 방사선 치료의 후유증인지 나의 임은 하혈을 하기 시작하더니 너무너무 괴로운 나머지, "이제는 나를 보내 주라. 편하게 가고 싶다. 너를 더 고생시키고 싶지 않다."라고 간곡하게 말하기에 아버지 신부님께 말씀드렸더니 부산에 있는 M병원 C 의사를 찾아가 보라고 하신다.

6월 18일, 입원 준비를 하여 진주에 계신 신부님께서 큰 차를 가지고 오셔서 편하게 부산병원으로 가게 되었다.

신부님과 나의 임이 의사 선생님께 더 이상 항암치료는 하지 않고 편안하게 지내기를 바란다고 말씀드렸더니 의사 선생님께서는 아직 희망이 있다고 하면서 6개월 동안 최선의 노력을 아끼지 않으셨다.

나의 임은 장이 괴사하여 잘라내고, 그 부분을 이어두면 또다시 파열되기를 수없이 반복하여, 그때마다 마음 졸이며 수술실 앞에 대기하고 있었던 순간들을 나는 지금도 잊을 수 없다. 마취에서 깨어나 임이 나와 눈을 맞출 수 있을 때까지 그 불안한 마음, 환자 가족으로서의 애타는 그 마음을 어찌 말과 글로 다 표현할 수 있으리오.

67병동 착하디 착한 환우 N아우님. 그 아우와 나의 임은 똑같은 상황을 겪으면서 한 명이 수술 들어가면 남은 사람이 울고 하면서 정말 힘든 나날을 보내었다. N아우님은 나의 임이 떠난 다음 해 가을에 유명을 달리했다. 그 가족과는 요즘도 가끔 만나 서로서로 아픈 마음을 달래며 잘 지내고 있다. 나는 수술실 앞에서 임이 안 볼 때만 울고 임과 함께 있을 때는 늘 방긋방긋 웃으며 힘 빠지지 않고 늘 동동거리며 병원 복도를 뛰어다녔다.

어묵이 먹고 싶다고 하면 어묵 사다가 대령하고, 곰국이 먹고 싶다고 하면 부평동 깡통시장으로 뛰어가 사오곤 했다. 주치의께서 변이 너무 묽으면 쑥즙을 먹이라고 말씀해주셔서, 담당 호스피스 봉사자의 차를 타고 집으로 달려와 무농약 약쑥 뜯어 녹즙기를 병실로 가져가서 녹즙을 짜서 먹게 하였다. 전원의 넓디넓은 우리 집을 놔두고 좁디좁은 병실의 보호자 간이침대에서의 6

개월, 하룻밤만이라도 편히 집 잠을 자고 싶었고, 사우나에 가서 몸의 피로를 푹 풀고 싶은 날들이었지만, 지금은 힘들었던 그때가 그립고 살아만 있다면 임의 병수발을 들면서 살고 싶다. 아픈 임을 나는 그 누구에게도 맡기고 싶지 않았고, 그렇다고 돌보아 줄 사람도 없었다. 잠깐씩 임의 친구 형국이 아버지께서 돌봐주면, 나는 시골집에 들러서 내게 필요한 물품이랑, 무농약 채소 뜯어다가 수녀님께 갖다 드릴 수 있었다.

아랫집 동생이 벌을 돌보고 있었는데, 전화가 왔다.

"언니야, 대추말벌이 와서 벌들을 다 물어 죽인다. 난 무서워서 대추말벌 못 잡겠다."라고 한다. 나는 "벌 다 죽어도 괴안타. 그냥 둬라." 하였더니, "언니야, 내가 지금 벌 잡고 있다. 걱정 말고 형부나 잘 챙겨라." 한다.

동생은 2008년 가을 말벌에 쏘여 119에 실려 병원까지 갔다 왔었다. 그렇지만 벌들이 죽어가는 모습을 보고만 있을 수 없어 옷을 두껍게 껴입고 대추말벌을 잡기 시작했다고 한다. '선아 동생, 정말 고마워!'

대추말벌은 독성은 강하지만 참 어리석은 벌들이다. 그래서 혼란스러운 흑등말벌보다는 잡기가 쉽다.

벌은 다 죽더라도 나의 임은 살려야 한다. 임은 삶을 포기하고 온 병원이지만 나는 실낱같은 희망을 가지고 하루 종일 화살기도를 바치며 병실에서 성전으로 마구 뛰어다녔다. 난 왜 이토록 바쁜 걸까? 하루가 24시간이 아니고 48시간이었으면 하는 바람이었다. 내게 24시간은 너무 부족했다. 나의 임은 6인실이 불편하여 2인실로 옮겨 우리 둘만 지낸 지 한 달이 되던 때, 원장 수녀님께서 "프란치스코, 누구 화해하고 싶은 사람 있나요?" 하고 물으시자 "엄마하고 남동생 둘을 만나고 싶어요." 하고 임이 말한다.

나중에 알게 된 사실이지만, 원장 수녀님과 나의 대모님 도미니카 수녀님과는 친구 사이인지라 대모님께서 대녀 남편 부탁을 하였고, 대모님께서 휴가 나와 임을 보러왔을 때 우리 가정사를 잘 알고 있는 대모님께서 원장 수녀님께 가족들과 화해의 시간을 부탁드렸다고 하셨다. 원장 수녀님께서 시어머님과 시동생들을 병원으로 불러 서로서로 미안하다며 화해의 시간을 가졌다. 감사합니다. 두 분 수녀님!

우리가 6개월 병원 생활하는 동안 많은 이들이 다녀갔다. 뉴질랜드로 이민 간 아우 송환이, 아들 같은 형섭이, 호주에 계신 윤신부님 등 임이 아끼던 사람들은 모두 다녀갔다. 그래서 보고 싶은 이가 아무도 없으며 하느님께 가고 싶노라고만 한다. 시어머님과 시동생들이 다녀간 후 하나뿐인 아들을 불러 하룻밤 같이 지내고 신부님 모시고 종부성사를 받고, 내가 잠시 자리를 비울 때면 내 친구 숙이에게 전화를 하고 간호사와 수녀님께도 작별 인사를 했다고 나중에야 들을 수 있었다.

친구에게는 "우리 집사람이랑 지금처럼 늘 잘 지내세요."라고
했으며, 간호사와 수녀님께는 감사하다는 인사를 했으며, 나에게
는 나의 얼굴을 빤히 쳐다보며 "너무너무 미안하다."라는 말을 하
기에 난 그 말 대신 "사랑 한다."라는 말을 듣고 싶노라고 했다.
나의 그 말에 임은 나의 얼굴에 시선을 멈추고 잔잔한 미소만 지
었다.

12월 23일 그날따라 많은 사람들이 병원에 왔다. 재우 엄마
가 오니 "제수씨, 동생이랑 행복하게 잘 사세요."라고 했고, 향섭
씨와 친구 성희가 오니까, "우리 집사람 잘 부탁합니데이.", 시누
이가 오니, "니 잘 살아래이." 하며 부탁 아닌 부탁을 해댄다. 그
렇지만 나는 그것이 마지막 말일 것이라는 생각을 못했다.

임 걱정에 내가 며칠간 잠을 못 잤기에 수면제 처방을 받아놓
고, 왠지 먹으면 안 될 것 같은 예감이 들어 먹지 않고 간이침대
에서 임의 손을 잡고 있는데, 그날 밤 0시경 임의 숨소리가 이
상했다. 나는 그때부터 임이 들을 수 있도록 소리 내어 기도하
기 시작했다. 새벽 다섯시, 기도의 끝자락에 조용히 노래도 불러
주었다. '친구 내 친구 어이 이별할꺼나. 친구 내 친구 편히 가시
오.' 간호사를 부르고 수녀님께 전화를 드렸다. 아들에게 전화하
고 아들이 서울에서 오는 시간까지 기다렸다가 임은 오전 10시
꿈속에서 두 번이나 가보았다던 하얗고 아름다운 천상의 나라
로 크리스마스이브를 기다렸다는 듯이 먼 이국의 여행을 떠나고

말았다. 군 장교였던 임의 모습은 전쟁터에서 승리하고 돌아오는 개선장군처럼 늠름한 군인 장교 그 자체였다. 나는 차디찬 그의 입술에 마지막 키스를 해주었다.

나를 만나는 사람마다 혼자 여행이 외롭진 않으냐? 혹은 무섭진 않으냐? 하고 물어오지만, 나는 지금 임과 함께 걷는 이 길이 집에서 나 홀로 외롭게 지내는 것보다 더없이 즐겁고 행복하기만 하다. 나를 위해 기도해주는 분들이 많음을 느끼며 늘 그분들과 나의 임과 함께 걷는 길이 외롭지도 무섭지도 않으니 행복한 추억 여행이다.

정말 보내고 싶지 않았다. 요즘엔 어르신들이 함께 다니는 모습들이 정말 보기에 좋다. 나도 저렇게 살고 싶었는데, 꼭 할아버지, 할머니가 될 때까지 함께하고 싶었는데, 나의 이 소망은 결코 이루어지지 않았다.

6년이라는 긴 시간을 잘도 버텨주던 나의 임이 부산의 병원으로 가서 6개월, 또 많은 아픔과 추억을 쌓고, 12월 24일 오전 10시, 그는 영영 내 곁은 떠났다. 병원에서 쪽잠을 자던 그때가 그립다. 보고 있어도 보고 싶었던 나의 임… 나는 그를 가슴에 안고 등에 업고 추억 여행을 하고 있다.

난 결코 혼자가 아니다. 혼자서 외롭게 걷고 있는 것이 아니니, 그저 행복하고 감사하고 고마울 따름이다. 사랑합니다. 나는 지금 진정 행복합니다.

시골 아낙의 집 전경

◀ 아침 맛집 정식
▼ 저녁 삼계탕

**아침**  강진 남도 맛집
　　　정식 7,000원
**저녁**  장흥 숙소 옆
　　　삼계탕 12,000원
**숙소**  원사우나 모텔 30,000원
**압박붕대**  3,000원
**걸은 거리**  18.6km

# 제암산 길의 안티-까움

장흥 군청 → 호계리 → 월계교 → 구름치 → 부산면 → 갑낭재 → 신북 → 보성

숙소 앞 '우리해장국' 집, 화물차 기사님 몇 분
이 아침 식사를 하는 곳에서 나도 아침을 맛나게
먹는다. 밥값을 주니 식당 주인은 자전거 여행하는 학생들에게
도 받지 않는다며 끝내 사양하며 여행 잘하라는 덕담과 함께 커
피까지 준다. 향긋한 커피향이 코를 자극하며 기분이 좋아진다.
"우리 집은 음식에 인공 조미료를 쓰지 않으며 우리가 농사지은
채소로 식단을 꾸린다."라고 주인이 말한다. 식사를 하던 화물차
기사들은 가고, 내가 성호를 긋는 것을 보고는 우리 종업원 아
줌마도 성당에 다닌다고 하기에 사장님도 다니면 좋을 텐데 하며

은근슬쩍 전교를 해본다. "나도 성당에 다니고 싶다."고 하기에, "꼭 가까운 날에 그렇게 되기를 기원합니다."라고 했다.

아침 8시 30분 원모텔에서 우측으로, 또다시 우측으로 23번국도 장흥 시외버스 터미널 앞길을 걷는다. 날씨가 맑고 햇살이 따스하니 걷는 걸음이 가볍다. 월계교와 구름치를 지나 '마중숲'이라는 표지석 곁의 정자에 앉아 대자연의 포근한 품속에서 크게 한번 심호흡을 하며 휴식을 취해본다. 제암산 24시 휴게마트에 오니, 웬 십자가상과 성모상 등이 황폐하게 방치되어 있다. 마음이 많이 아프다. 왜, 누가, 이런 일을? 성상을 모셨으면 잘 관리하고 돌봐야 할 텐데…. 이런 생각을 하며 사진 몇 장을 찍으면서 안타까운 마음으로 기도를 한다.

부산면 이정표 앞에서 어디로 가야 할지 망설이며 나의 무지함을 탓해 본다. 길에 사람이 있어야 물어보기라고 할 텐데, 지나가는 차를 세워 물어봐야지 하고 손을 드니 횅하니 더욱 빠른 속도로 달려 가 버린다. 태워준다고 해도 안 탈 터인데 말이다. 부산면 방향으로 걸으면 되겠지, 그냥 걸어 보세. 만수마을에 오

시 골 아 낙, 추 억 을 업 고 걷 다

니 안중근 의사의 제당 표시가 떨어져 나가 있다. 왜 오늘은 안타까운 일을 많이 보게 되는 걸까?

안중근 의사는 침략의 원흉 이토 히로부미를 사살하고 안타깝게도 30대의 꽃다운 나이에 요절을 하신 분이다. 아내를 애틋이 사랑하셨던 분이라고 들었다. 어떤 날은 부엌에서 식사준비를 하던 아내를 덥석 끌어안고 말안장에 앉혀 산 정상을 향해 달리기도 하며 부인과 함께하는 시간을 많이 가졌다고 한다. 성당 미사에 참례하는 아내의 모습을 보고 너무나 아름다웠노라고 표현하셨으며, 정 많고 온유한 성품의 지아비였을 의사님의 모습에서 불현듯 낚시고, 등산이고, 여행이고, 언제나 나와 함께 다니며 가끔 출장을 갈 때면 주머니 속에 넣어 가고 싶다고, 때론 뼈가 으스러지도록 포옹해주며 사랑을 감출 수 없어 하던 나의 임 모습을 떠올려 본다.

비석이 세워져 있고 그럴싸한 한옥이 보이기에 안중근 의사 제당인가 하고 들어가 보니 개인 소유의 제실이다. 더 걸어가 볼까 망설이다가 아쉬운 마음을 안고 해발 210m 갑낭재를 오르니, 삼비산 14㎞, 사자산 9㎞, 제암산 5.2㎞, 국사봉

22.1km, 가지산 16.2km, 용두산 6.6km 팻말이 우뚝 서 있다. 시간이 허락한다면 걸어 보고 싶은 곳들이다.

장동면 소재지의 장원식당에 들어서니 식사하고 나가는 손님이 "맛집 잘 찾아오셨네요." 한다. 알탕을 시켜 맛나게 먹는다. 식당 사장님의 친정어머니께서 만수마을 산속으로 조금 들어가면 사당이 있다고 알려주었다. 네이버에서 찾아 보니 '장흥군 장동면 만수마을 국내 유일의 안중근 의사 사당인 해동사에서 매년 3월이면 문중 주관으로 추모제를 지내고 있으며, 사당 내부에 안중근 의사의 영정과 친필 유묵 복사본이 보관되어 있다'고 되어 있다.

조금 더 걸어가서 보고 왔어야 했는데 아쉽게 해동사에는 들리지 못했다. 식당 여사장은 "나도 등산을 즐겨 하는데 시간이 허락되면 국토순례에 도전해 보고싶다"고 하며, 나의 국토순례 일정표를 사진으로 찍는다. 그러면서 국토순례를 할 경우 궁금한 점을 물어보기 위해 일정표 위에 나의 전화번호를 적어 달라고 한다. 점심을 먹고 2번 지방 도로를 터덜터덜 걷는다.

오후 5시쯤 보성 5km 이정표를 보며 한 두어 시간은 걸어야겠다고 생각한다. 조금 지친다. 오후 6시 10분 숙소에 도착하여 저녁을 먹는 둥 마는 둥 하고, 오늘은 성당 미사참례를 해보고 싶다는 마음에 성당을 찾아가니 저녁 미사가 없다고 한다. 아쉽기도 하고 한편으로는 피곤한데 잘되었구나 싶다. 힘 빠진 걸음으

로 언덕길을 걸어 숙소로 돌아와 샤워를 하고 오랜만에 잘 할줄
도 모르는 인터넷을 열어 독수리 타법으로 몇 자 적어본다.

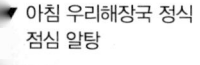

아침 우리해장국 정식
점심 알탕

**아침**  장흥 우리해장국집 정식 공짜
**점심**  장동면 장원식당 알탕 8,000원
**저녁**  아리아모텔 식당 정식 7,000원
**숙소**  아리아모텔 30,000원
**걸은 거리**  25.3㎞

# 보성길 청송교도소의 추억

**보성 → 용문 삼거리 → 송재로 → 장운 길 → 문덕면**

　어제 저녁을 먹으면서 만든 주먹밥으로 숙소에서 아침을 해결한다.

　숙소를 나서니 춥지도 덥지도 않은 화창한 봄 날씨이다. 살랑대는 봄바람을 벗하며 보성 군청 방향으로 오르막길을 치고 힘차게 올라간다.

　목이 말라 슈퍼에 물을 사러 가니 내 나이쯤 되어 보이는 슈퍼 아낙이 나의 모습을 보고 "오메, 아줌씨 용기가 부럽소잉." 한다.

　"별말씀을요. 추억 여행 중 임뎌."

　나는 거침없는 인성을 가진 것 같다. 하고 싶은 일이 있으면 주저하지 않고 해보고야 만다. 만약 실패한다고 해도 도전을 해봐야 성공을 할 수 있을 테니까. 늘 새로운 것에 도전하는 자가 아름답지 않은가! 나는 할줄 아는 것은 많은데 전문 지식을 가지고 잘하는 것은 하나도 없다. 보이지 않는 남의 속에 있는 지식도 배우는데, 눈으로 볼 수 있는 것은 할줄 알아야 한다는 생각으로 수박 겉핥기 수준의 실력을 갖추고 있는 것이 몇 개 있다. 뜨개질, 동양자수, 계량 한복 만들기, 벌 키우기, 전통 집짓기 등이다. 노래는 잘 못 부르지만 시키면 한다. 못 부르면 어때서(듣는 사람 생각도 않고) 잘했으면 가수가 되었겠지 하면서 사양하지 않고 부른다.

　오래전 봉사 단체 회장직을 맡고 있을 때이다. 청송 교도소 위문을 갔는데, 단체장들은 노래를 한 곡씩 불러야 한단다. 우리 회원들이 나에게 "회장님, 제발 참으세요." 하고 말렸지만, 내 노래 순서를 첫 번으로 해 달라고 해서 한 곡을 뽑았다. 잘 부르는 사람 뒤에 부르면 비교가 될 테니 못하는 내가 스타트를 끊은 것이다. 반주도 제대로 맞출줄 모르는 내가 수많은 죄수들의 눈길이 쏟아지는 단상에 올라서서 '아내의 길'을 부르려고 했지만, 이곳에서는 금지곡이라기에 '꽃 중의 꽃 무궁화 꽃 삼천만의 가슴에'로 시작하는 '꽃 중의 꽃'을 힘껏 불렀다. 예의상인지 박수가 터져 나왔다. 나 빼고 다른 이들은 노래를 정말 잘 불렀다. 다음은 교도소 성당 공소 회장의 색소폰 연주가 있었다. 그는 연주하기 전 '이 곡은 제가 주님을 향한 사랑을 멈출 수 없을 때 하는 노래입니다.'라고 하며 '아이 캔 스탑 러빙유(I Can't Stop Loving You)'를 연주했다. 죄수인 그 회장의 색소폰 소리는 내 마음속 깊이 파고들며 짠한 감동을 주었다. 교도소 안 사람들은 비록 죄수들이었지만, 미워할 수 없을 것 같다. 죄가 밉지, 어찌 사람이 밉겠는가! 다들 선량해 보였다. '어쩌다 이곳에 와 있을까? 다시는 죄 짓지 마시게나.' 하루속히 사회의 일원이 될 수 있기를 바라며 기도를 했다.

문덕으로 가는 길 초입은 차량 통행이 너무 많아 다른 길을 물으니 없다고 한다. 길목의 미력옹기(무형문화재 96호)가 쭉 나열된 옹기들의 모습이 보기에 참 좋다. 젊은 아낙이 옹기 체크를 하다가 나를 쳐다보며 말을 건넨다.

"식사는 하고 걷으세요?"라며 다정하게 물어온다. 안했다고 하면 "뭐라도 좀 드시고 가세요."라고 할 것 같은 느낌이다. 그 마음만으로 훈훈함을 느끼며, "네, 했습니다."라고 거짓말을 하고는 메타세쿼이아 가로수가 끝없이 이어진 호젓한 길로 발길을 재촉한다.


1974년 신혼 초, 우리 부부는 부산 개금공병대 정문 앞 첫 집에서 몇 개월을 살았다. 출근 시간이면 부엌문이 잠깐 닫혔다, 열린다. 그 시간은 가벼운 입맞춤으로 아침인사 시간이다. 옆집

시골 아낙, 추억을 업고 걷다

아저씨가 "아줌마, 왜 아침마다 문이 닫히나요?" 하며 빙긋이 웃으셨지. 몇 개월 밖에 못 살았지만 정이 많이 든 이웃들이었다.

나의 임이 서울의 Y대 학군단 교관으로 발령을 받아 마포 공덕동에 둥지를 틀었다. 난 어릴 때 편식이 심하여 고기도 말린 오징어도 먹지 못했는데, 첫아이 임신을 하고서는 무엇이든 죄다 먹고 싶었다. 시큼한 과일이 먹고 싶고, 싫어하던 고기도 먹고 싶었다. 그런데 육군 중위의 적은 월급으로는 먹고 싶은 걸 다 먹을 수 없었다. 난 그저 식은 밥을 물에 말지도 않고 우적우적 씹어 먹을 수 밖에 없었다. 그런 나에게 나의 임은 퇴근길에 가끔 귤 한 웅큼을 사들고 와서 나는 얼마나 맛나게 먹었는지! 또 아직 태어나지도 않은 아이의 동화책을 사 들고 와서는 읽어주곤 했다.

여름방학이면 나의 임은 학생들을 인솔하여 원주로 안동으로 병영 훈련을 나갔는데 원주에서 한 달 생활한 집주인은 밥상, 냄비와 필요한 식기들을 내어주며, '총각이 과부랑 같이 사는 줄 알았다며' 웃으셨다. 까까머리 육군 장교와 배불뚝이 아낙의 모습이 그렇게 보였나 보다. 고마웠던 분들, 우린 밤마다 원주의 개울가에서 목욕을 하며 더운 여름밤을 즐겼고, 임신 7개월의 몸으로 겁도 없이 여름의 치악산 정상을 정복하기도 했다. 배 속의 아이는 너무 긴장하여 돌덩이처럼 웅크렸다. 하산할 때는 배가 너무 고파 시골 마을의 부인회가 운영하는 곳에서 겨우 건빵을 사 먹을 수 있었다. 무식하면 용감하다고 했던가. 이건 용감이 아니라 무지에 가까웠지. 뒤늦게 배 속의 아이한테 정말 미안했다.

어느덧 봄은 무르익어가고 있다. 맑게 흐르는 개울가의 버들강아지가 연초록의 파릇한 새싹으로 단장하고 소박한 미소를 보내는 아름다운 모습을 휴대폰에 담아 본다. 아침에 먹은 주먹밥이 소화가 되지 않아 소화제를 먹고 걷는다. 점심은 굶어야겠다.

복내면 소재지에 식당이 있다. 오늘은 먹고 싶지 않은데 거참. 먹고 싶은 땐 식당이 없고 먹기 싫을 땐 식당이 있고, 길 걷기 어렵네.

복내면부터는 가로수가 벚꽃으로 되어 있다. '산과 호수가 어우러진 살기 좋은 문덕면' 표지석에 문덕면의 연혁이 자세히 새겨져 있다. 면 소재지에서 택시를 타고 대원사로 향한다. 이번 여행 일정 중에 숙소가 없는 곳이 문덕면과 상주 내서면이다. 차량을 이용하여 보성까지 가서 자고 오든지 아니면 대원사에 사전에 숙박

시골 아낙, 추억을 업고 걷다

예약을 해야 할 것 같다. 나는 며칠 전에 송광사에 예약을 해 달라고 승호 스님께 부탁을 드렸더니 대원사에서도 머물라고 하셨다. 오후 4시 10분에 도착하여 '초의선사'라는 방을 배정받고 사찰 이곳저곳을 둘러보며 수많은 글들을 휴대폰에 담아 본다.

'바르도(BARDO)'는 '틈새'라는 티벳 말로써 죽음에서 환생까지 49일간의 중간계를 뜻한다.

**바르도!**


죽음이란 꿈에서 깨어남이다

이것이 바르도의 가장 중요한 의미


그대는 지금까지 삶이라고 부르는

긴 꿈을 꾸었다

이제 그 끝자락. 죽음으로서

그 꿈에서 깨어나게 되고…


얼마 후 그대는 문 하나를 통과하여

또 다른 자궁 속으로 들어가

또 한 번의 꿈속 세상에 태어난다



만약, 만약에 그대가

이 두 꿈 사이에서 온전히 깨어

있을 수 있다면…

그대는 죽음을 정복하게 된다

바르도! 바르도! 기억하라

가장 놀라운 일

모든 사람들이 죽어가지만

자기는 죽지 않을 것처럼 생각하는 일

가장 놀라운 일이다


많은 유익한 글귀들과 죽음 체험실이 있다. 템플스테이 하는 분들이 경험해 보는 것이리라. 주지 스님은 아주 젊고, 나와 연배가 비슷한 기도스님 한 분, 공양주 보살님과 종무소 젊은 청년 직원 한 분 이렇게 절을 지키고 계신다. 사찰은 크고 잘 가꾸어져 있다. 너무 조용하다. 공양간에서 나 홀로 저녁을 먹는다. 왠지 공양주 보살님께 미안한 마음이 든다. 저녁식사를 마친 후 식기를 씻어 정리해 두고 나온다. 따뜻하고 깔끔한 초의선사의 방이다. 어제도 오늘도 나 홀로 꿈나라로 간다.

**아침** 주먹밥
**점심** 굶음
**저녁** 대원사 공양
**택시요금** 15,000원
**시주** 10,000원
**걸은 거리** 28km

# 아픈 등산화

문덕 → 용암 삼거리 → 서재필 기념공원→ 외장마을 → 고인돌 공원 → 송광사

나의 숙소 주변에는 아무도 없다. 조용하고 따뜻하고 아주 쾌적하고 좋은데 잠을 설친다. 가끔 잠자리가 바뀌면 잠을 못 잘 때가 있긴 하지만, 지금은 피곤해서 잠을 푹 잘 수 있으련만 정신은 말똥말똥하다.

목딕 소리가 들려 새벽 5시에 방을 나와 새벽 예불에 참례한다. 스님이 된 나의 친구와 연배가 비슷하신 스님 한 분만 기도를 하신다. 기도스님을 뵈니, 두 명의 친구 스님이 떠오른다.

중학교 동창 절친 중에 스님이 두 분 계신다. 비구니 스님께서는 아주 오래전에 옷을 바꿔 입으셨고, 지금도 건강하게 기도 생활을 잘하고 계신 비구 스님과는 요즘도 가끔 만나며 지내고 있다.

비구니 스님을 생각하면 가슴이 짠하다. 그 스님과 나는 중·고
등학교를 같이 다니며 공부에서는 라이벌 상대였다. 친구는 나보
다 머리는 훨씬 좋았는데, 나는 친구보다 노력파였기 때문에 내
가 늘 친구를 앞지를 수 있었다.

나는 우리 집의 막내로 태어났다. 친오빠 셋, 친언니 둘에 사
촌 오빠와 언니들도 많다. 그래서 엄마의 사랑과 오빠, 언니의 사
랑을 한몸에 받으며 자란 공주였다. 공부할 수 있는 여건 속에서
자란 나는 공부벌레였고, 시골 중·고등학교를 상위 성적으로 졸
업했다. 고3 담임 선생님께서는 교육대학에 진학하라고 하셨지
만, 내가 진학에는 뜻이 없다고 하자. 졸업 후 성적 상위권인 나
랑 친구 두 명을 S사에 취직시켜 주셨다.

나는 교육대학에도, S사에도 가지 않았다. 취미가 있는 동양
자수의 길로 들어섰다. 1975년과 1977년 서울에서 예쁜 딸아이
둘을 낳아 행복하게 잘 지낼 무렵 그가 전역을 결심하여 부산으
로 이사를 했고, 용호동에서 수예점을 운영하고 있을 무렵, 딸아
이들을 돌보아줄 사촌 시누이를 데려와 야간학교 공부시켜가며
살고 있었다.

그때 나의 임은 예비군 업무를 보았는데 친구를 좋아하는 임
은 가끔 술친구들을 집으로 데려와 숙식 제공을 하곤 하였다.

어느 날 친구 한 명이 과한 술 때문인지 그만 이불에 실례를 한 사건이 발생했다. 그 친구는 몸 둘 바를 몰라 했고 얼굴도 들지 못하고 도망치듯 집을 나갔다. 그 친구도 지금은 하늘나라에 가 있다.

그때 공부시켰던 시누이는 지금 어엿한 두 아이의 엄마가 되어 세탁업을 하며 사장님 소리를 들으며 잘살고 있다. 어느 날 시누이가 꽃다발을 한 아름 안고 부산 집으로 찾아와서는 이 세상에서 오빠와 언니를 제일 사랑하고 존경한다고 말해줘서 참 고마웠다.

이렇게 단란하게 살던 우리는 시어머님께서 들어와 함께 살자는 제의에 신혼 때의 상처를 망각한 채 부모님의 집으로 들어가 살게 되었다. 이것이 불행의 씨앗이 될 줄이야 내 어찌 알았으랴.

임은 예비군 업무를 그만두고 큰오빠가 하는 수산물 무역업 활어차 사업에 뛰어들었고 사업자금 몇 푼 보태어주신 시어머님께서는 매일 돈, 돈 하며 돈 내어놓으라고 성화를 부리며 입에 담지 못할 언어폭력으로 나에게 상처를 주었다.

임의 사업은 그리 순탄하지 않았다. 하는 수 없이 우리 네 식구는 빈 몸으로 거의 쫓겨나듯이 시댁을 나왔다. 부산 양정의 조그마한 단칸방으로 내 친구가 준 돈으로 이사를 하고는 추석 때 시댁에 시부모님을 찾아뵙지도 못했다. 나는 시어머님이 너무도 무서웠다. 시어머니가 나를 잡으러 올 것 같아서 아이들과 함께

산에 가서 숨어 있기도 하고, 밥 지어 먹을 양식이 없는데 누구한테 말하기도 부끄러워 라면으로 겨우 끼니를 때우면서 힘든 나날을 보냈다.

그러던 1980년 12월 22일 열악한 단칸방에서 딸 둘과 나는 연탄가스에 중독되었고, 임은 활어차를 몰다가 그만 얼음에 미끄러져 큰 사고를 당하고 말았다. 나는 겨우 산소통 속에서 살아났지만, 당시 일곱 살과 다섯 살이었던 딸 둘은 하늘나라로 떠나고 말았다. 티나야, 수산나야, 엄마가 너희를 지켜주지 못해 정말 미안하다. 그때 의사 선생님이 나의 임께, "부인은 정신이상자 아니면 기억상실증에 걸릴 확률이 높고 정상인이 되기는 어렵다"고 하였다. 했다. 친정에서 엄마와 형제들이 와서 이토록 힘들게 살면서 왜 아무런 이야기도 하지 않았느냐며 더는 그 집안 식구로 살지 말라며 헤어지라고 강요하였지만, 어떻게 결혼한 우리인데, 그리고 난 임이 밉지 않은데, 여전히 사랑하는데 헤어질 수 없었다. 나는 임의 곁을 떠나지 않겠다는 연인 시절의 약속을 지켰다.

학교에서 라이벌이었던 친구와 나는 다정한 사이로 잘 지냈다. 내가 예쁜 아이의 엄마가 되었을 때 친구는 아이의 과자를 들고 우리 집에 자주 들려 아이들과 재미있게 놀아주기도 했는데, 내가 아이들을 잃은 후, 어느 날 훌쩍 입적을 한단다. 상처가 많은 친구였는데, 나의 불행이, 나의 아픈 상처가 친구의 상처에 보태어졌을 것 같은 생각이 나를 아프게 하였다. 그때 친구는 폐 질환이 생겼고, 실연의 아픔을 겪고 있었다. 스님이 되었으면 잘 살아야 하는데, 어느 날 서울의 병원에서 백혈병 투병 중이라는 소식에, 친구들은 마음이 너무 아파 정성을 모아 병원비를 마련하여 찾아가 보았건만, 끝내 친구는 옷을 바꾸어 입었다.

'나의 친구 정이야, 부처님 전에서 편히 쉬고 있니? 보고 싶구나.'

두 분 스님의 모습을 떠올리며 미황사에서의 경험을 되살려 합장하고 앉았다, 일어서기를 되풀이하며 예불 참례를 마쳤다. 공양간 앞에서 기도스님께서 나더러 빨리 오라는 신호로 목탁을 두드리신다. 아침 공양도 나 혼자. 공양주 보살님께서 나를 위하여 계란찜도 해주신다. 단출하면서도 맛난 아침을 먹은 후, 싱그러운 산 내음과 재잘거리는 새소리를 들으며 어제 오후 잠깐가 보았던 죽음 체험실에 간다. 체험실 기둥에 '죽음을 이해합시다'와 '미리 쓰는 유언장'이 양 옆으로 붙어 있다.

사람이 자기 마음대로 할 수 없는 일 세 가지!

첫째, 태어난 사람은 늙을 수밖에 없고

둘째, 늙은 사람은 죽을 수밖에 없고

셋째, 죽은 사람은 업에 따라 다시 태어날 수밖에 없다

이러한 윤회의 괴로움과 두려움에서 벗어나려면 다음 세 가지를 묵상해

볼 필요가 있습니다.

시 골 아 낙 , 추 억 을 업 고 걷 다

첫째, 나는 반드시 죽는다는 것

둘째, 언제 죽을지 모른다는 것

셋째. 죽음의 길에는 가지고 갈 수 있는 것과 가지고 갈 수 없는 것이 있음

을 알고 삶 속에서 미리 준비해야 한다는 것


'죽음을 이해합시다'의 글 중 한 부분이다. '업에 따라 다시 태어날 수밖에 없다'는 부분은 공감이 가지 않는 구절이지만, 호스피스 봉사활동을 하고 있는 나에게는 '죽음의 길에는 가지고 갈 수 있는 것과 가지고 갈 수 없는 것이 있음을 알고 삶 속에서 미리 준비해야 한다'는 것은 크게 마음에 와 닿는다. 우리네 모두가 깨닫고 살아야 할 좋은 글귀이다.

휘이, 둘러보고 내려오는 나에게 기도스님께서 간밤에 만들었노라 하면서 매듭팔찌 두 개를 주신다. 스님의 정성이 고마워서 오른쪽에는 묵주가 있으니 왼팔에 팔찌를 끼고 걷는다. '한 개는 거창 가면 친구 라희 줘야지.'

아침 8시 10분 버스를 타고 문덕으로 가기 위해 절 입구로 걸어 나오니 티벳 박물관이 있다. 어제 택시 타고 절 앞까지 가노라고 놓친 것이 아쉽다.

한국의 아름다운 길 100선에 선정된 왕 벚나무 꽃길, 꽃은 아직 피지 않았지만 아름답다. 오늘부터 벚꽃축제라고 부지런한 사

람들이 장터 꾸미기에 분주하다. 시골 버스는 이 마을, 저 마을 들러서 천천히 문덕면까지 데려다준다. 버스 기사님께서,

"혼자 걸으니 납치를 해야겠다."는 농을 하기에,

"나 같은 중늙은이를 어디에다가 쓰시려고요? 나 GPS 켜고 걷고 있어요, 하늘에서 다 보고 있는데 어림없는 말씀 마셔요." 하니, 버스 기사님 왈,

"나도 지금 GPS 켜고 달리고 있어요."라며 농 섞인 대화를 나눈다.

오전 9시 10분 문덕면에 도착, 버스에서 내려 걷기 시작한다. 용암 삼거리에서 직진하여 서재필 기념공원 정자에 앉아 쉬고 있는데, 안드레아 형제님으로부터 전화가 온다. 먼저 이 길을 걸으신 분이라 많은 도움을 받고 있다.

"지금 어디쯤 걷고 계세요?"

"어제 대원사 들렀다가 지금 서재필 공원이에요."

"아, 그 길 정말 멋진 길이지요."

"주암호 물줄기를 따라 걷는 이 길은 너무 아름다워 기억에 오래 남을 것 같아요. 지금 발목이 몹시 아파서 압박 붕대를 발목에 감고 걷고 있어요."

"등산화 새것 신으셨어요?"

"아뇨, 오래된 것인데요. 자주 안 신었더니 많이 힘드네요. 잘 할 수 있을까요?"

"지금이 가장 힘들 때일 겁니다. 일주일에서 열흘만 걷고 나면 저절로 걸어지니 걱정하지 마세요. 꼭 완주하실 수 있을 거여요."

"그럴 수 있겠지요? 고맙습니다."

언제나 힘과 용기를 주는 안드레아 형제님, 감사합니다.


등산화! 우리 부부는 민물낚시와 등산을 함께 즐겼다. 동절기에 민물낚시가 안 될 때는 등산을 했다. 10년이 훨씬 넘은 등산화이건만 몇 번 못 신었던 것 같다. 병마와 싸우느라고 6년 반 세월을 보내고 임을 잃은 허탈감에 빠져서 지낸 세월이 또 5년, 이제는 일어서리라! 더 열심히 헤쳐 나가리라. 나의 임과 함께 걷는 이 길에 아들이 사준 워킹화보다 임이 사준 이 등산화가 발목이 조금 아프더라도 나를 살뜰히 더 잘 지켜주리라.


외장마을에 있는 식당에, 추어탕과 수제비 메뉴가 있어 들어가 보았더니 자리가 없다 한다. 시골 분들 계모임 자리인지 많은 분들이 고기를 굽고 있다. 누군가가 한 점 먹고 가소, 하면 못이기는 척하며 얻어먹고 싶다.

혼자인 내가 귀찮은 모양이다. '허 참, 혼자는 밥도 못 먹다니. 난 혼자가 아닌데…' 2인분은 되느냐고 물어볼걸. 점심을 포기하고 걷는다. 왠지 서운하다. 버스 정류소에 앉아 건빵과 견과류와 감말랭이로 허기를 달랜다.

문덕에서 송광사 가는 길은 주암댐 물줄기를 따라 계속 상류를 향해 가는 길이 아름답다. 고인돌 공원에 입장료 1,000원을 주고 들어가니 예쁜 봄꽃을 심고 있는 젊은 여인 두 분이, "어머, 혼자 국토순례하세요? 무섭지 않으세요?" 목소리 톤이 맑고 경쾌하다. 국토순례 하던 중에 수없이 듣던 말을 잔잔한 미소로 답하며, "고인돌을 배경으로 사진 한 장만 찍어 주실래요?" 부탁을 해본다.

초가로 지어진 정자와 고인돌들이 조용한 주암댐 물줄기와 어우러져 그 모습이 정겨움을 자아낸다. 정자에 앉아 푹 휴식을 취

한다. 오늘은 걸을 거리가 짧고 송광사에 숙소도 예약되어 있기에 마음이 느긋하다. 물을 얻기 위해 대문 열린 집에 들어가 물을 좀 받아 가겠노라고 하였더니, 주인아주머니께서 평상에 앉아 좀 쉬어 가라면서 귤, 사과, 유과를 내어 주신다. 우리네 어머니들의 따뜻한 마음이 전해져 온다. 가지고 있는 감말랭이가 부족해서 어쩌나 하고 있던 터에 감말랭이도 얻고 집 떠나 처음으로 과일 맛을 보았다. 참 맛있다. '아주머니, 감사합니다.'

오후 4시 10분 송광사에 입구에 도착한다. 이곳에는 편의점, 식당, 민박집이 많이 있다. 나는 곧장 송광사를 향해 걸어 오후 5시에 도착한다. 나의 기억에 남아 있는 것보다 훨씬 더 크고 웅장한 사찰이다. 푸르른 하늘과 노오란 봄꽃, 단아하고 웅장한 사찰, 많은 관광객들이 어우려져 길 객을 맞아준다. 마음이 넉넉해온다. 외국인 승려가 수도하는 국제 선원이고 한국 불교문화를 연구하는 도장이며 고려 시대에 16 국사를 배출한 송광사는 승보사찰이다. 외국인 승려는 보이지 않고 공양간과 숙소 근처에는 일반인들이 많이 보인다. 원주스님을 찾아보려 하였는데 원주스님 방 앞에서 수련스님 같은 분을 만났다. 그때 마침 승호스님의 전화가 왔다.

"송광사 도착하셨나요? 방 배정받으셨어요?"

"아니요, 원주스님을 아직 못 뵈었어요. 스님 한 분이 계시네요."

"그 스님 바꿔 주세요."

젊은 스님은 승호 스님의 말에 "예, 알겠습니다, 예 알겠습니다."만 절도 있게 반복한다.

두 분 스님께서 통화하는 모습에서 군대식 서열을 느끼며 수련 스님께 미안한 마음이 든다. 주지스님께 말씀드려 둔 분이니 편안한 숙소를 마련해주라고 한다.

'선정실'이라는 손님방을 배정받고, 새벽 예불 시간을 여쭈어보니 예불시간은 새벽 3시부터이고 엄청 길다고 한다. 내일도 부지런히 걸어야 하니 예불 참석은 못하겠노라 하고 바삐 목례를 나눈다. 군대식 같은 저녁 공양을 마친 후 따뜻한 방에서 노독을 풀어본다.

**저녁** 공양 18시
**아침** 공양 06시
**새벽 예불** 03시 30분에서
　　　　　　　 05시까지
**고인돌 입장료** 1,000원
**걸은 거리** 20.1km

시 골 아 낙, 추 억 을 업 고 걷 다

# 향을 사르듯

송광사 → 죽곡면 → 신정 2구 → 죽전 1구 → 목사동면 → 강빛마을 → 곡성군 압록

　주일 새벽을 사찰의 북소리와 종소리로 연다. 새벽 3시 30분 '두웅 두웅.' 묵직한 북소리와 '때앵 때앵.' 청아한 종소리가 울려 퍼지고, 은은한 목탁소리와 염불 소리가 어우러지면서 새벽 5시까지 이어진다. 예불 참석은 못하고 따뜻한 숙소에서 경청하며 아, 이것이 큰집의 위엄이구나 느껴본다. 아침 예불이 미황사는 새벽 4시 20분, 대원사는 새벽 5시였다.

　새벽 6시 아침 공양 시간이다. 이곳은 식구가 너무 많아 쭉 줄을 서서 큰 대접에 밥과 반찬을 담고 국그릇 하나 받으면 끝이다. 소박하지만 담백하고 넉넉함까지 느낄 수 있는 식사다. 공양을 하고

빈 그릇을 지하로 가져다주면 된다. 사찰마다 공양 방식이 다르다. 미황사는 뷔페식, 이곳 송광사는 마치 군대식 같은 느낌이다.

오늘은 갈 길이 멀다. 아침 공양을 마치고 새벽의 맑은 찬바람을 가르며 6시 20분에 길을 나선다. 부처님 잘 묵고 갑니다. 사찰이 너무 웅장하고 위압감마저 느껴져 부처님 전에 시주도 못하고 떠나게 됨을 용서하옵소서. 어제 저녁 숙소 마당에서 뵈었던 스님 두 분을 길에서 마주치자, "보살님, 길 잘 걷으세요." 하고 덕담을 잊지 않는다.

"잘 유하고 갑니다" 인사하며 미소를 지어본다.

송광사 앞 식당은 아침 식사가 가능할 것 같다. 어둠이 채 가시지 않은 이른 시간인데 산채비빔밥집에 불이 켜져 있다.

오늘도 주암댐 물줄기를 따라 상류를 향해 걷는다. 가뭄 탓인지 저수지가 약간 붉은 속살을 드러내 놓고 있다. 사진으로 담아본다. 오늘은 아침부터 다리가 많이 아프다.

대원사와 송광사에서 묵게 해주신 승호 스님께 잘 유하고 길을

시 골 아 낙, 추 억 을 업 고 걷 다

나섰노라고 문자를 보냈더니 '향을 사르듯 몸과 마음을 잘 다스리라'는 답장이 왔다. 순간 찡하니 마음이 아려 오며 눈물바람을 하며 걷는다. 왜, 여태껏 한 번도 울지 않았던가! 갑자기 눈물이 쏟아진다.

향을 사르듯, 향을 사르듯, 향도 촛불도 자기의 희생으로 향내를 내고 빛을 밝히지 않던가! 매일 기도할 때면 촛불을 밝히고 마치고 나서도 한동안 촛불을 밝혀 둔다. 내가 못 다한 기도를 촛불이 대신해주리라고 믿으며…. 난 울고 싶어도 마음껏 울어보지도 못하고 살아온 날들이 얼마나 많았던가! 자식을 먼저 보낸 부모는 남들에게 부끄러워 사람들 앞에서 마음 놓고 울 수도 없었다. 박곡마을 시골집으로 이사한 후, 어느 날 나는 불현듯 소리치며 한 번 울어 보고 싶었다. 나의 임을 아래채 황토방으로 보내놓고 한없이, 원없이 펑펑 울음을 터뜨렸다. 티나야, 수산나야, 하늘나라에서 잘 지내느냐? 물어보며 하염없이 흐르는 눈물을 가누지 못했다. 나의 예쁜 아가들아, 엄마가 미안해. 나의 울음소리에 놀란 우리 집 지킴이 진돌이가 아랫 마당에서 윗 마당으로 뛰어올라왔다. 나의 임도 나의 울음소리를 들으며 아래채에서 함께 울었으리라. 부산 사직동 단칸방에서 임이 방 청소를 할 때는 "우리 예쁜 공주들 먼지 마실라. 당신이 데리고 나가 놀다 와요." 항상 그렇게 말하며, 아끼고 사랑하던 아이들 생각에 피눈물을 흘렸을 것 같았다. 소리쳐 울고 나니 가슴이 좀 후련해졌다.

　난 평소에 쪼금 싫어하는 사람은 있지만, 미워하는 사람은 한 명도 없다. 그러나 그리운 사람은 많다. 사랑하는 가족들, 친구들, 신부님들과 수녀님들, 그리운 얼굴들, 듣고 싶은 목소리, 만나 보고 싶은 이들도 많고, 만나볼 수 없는 이들도 많다. 모두들 보고 싶다. 듣고 싶다. 볼 수 있는 사람들 자주 만나면서 살자. 누군가가 유통기한이 있는 말이 있다고 했지. 고맙습니다. 감사합니다. 사랑합니다. 시간은 우리를 기다려 주지 않는다. 잘못한 일이 있으면, 해 떨어지기 전에 사과하고 많이 많이 사랑하면서 살자. '있을 때 잘해'라는 노래도 있잖아. 이 길을 걸으면서 버릴 것은 버리고 간직할 것은 잘 챙기자고 스스로에게 다짐한다.

　오산부락의 고목과 정자가 멋있고, 신정2구 부락은 이정헌 씨가 호남지역에서 유일한 여당 국회의원이라며 주민들의 칭송이 자자하다. 신정2구에서 차량 통행이 거의 없는 우측 옛길로 걷는다. 죽전1구 소연식당 소머리 국밥이 맛있다. 이 집은 지역주민들이 주 고객이고, 메뉴가 매일 바뀐다고 한다. 창촌에서 출발한 순례객이 아침을 먹고 갔단다. 문덕에서 송광사 가는 길에서 공사하던 분께서 어제 창촌으로 남자 한 사람이 걸어갔다고 했다. 난 속으로 '창촌에는 숙소가 없을 텐데…' 했던 분인 것 같다.

　목사동면 평리마을 고목나무가 잘생겨서 사진을 찍으려고 하

니 어르신들께서 웃으며 모델료 내고 찍으라고 하신다. 넉넉한 그분들의 미소가 고목나무처럼 조용하고 아름답다.

강빛마을에 이른다. 꽤 큰 마을이고 식당과 편의점이 있다. 잘 조성되어 있는 이 마을에 어떤 사람들이 살고 있을지 궁금하여, 입구 수위실이 비어 있기에 바깥 의자에 앉아 네이버에서 검색해 보니 은퇴하신 분들의 보금자리 빌라 홈이었다. 참 공기 맑고 경치가 좋은 곳에 자리하고 있다.

길에서 작업하는 분들이 이틀 전부터 내가 걷는 모습을 보았다고 하며 말을 걸어온다.

"많이 걸어 오셨네요. 목 마르실 텐데 드릴 물이 없네요." 하신다.

"아뇨, 저 물 있어요. 고맙습니다."

"어디서 주무세요?"

"압록 리버사이드모텔에서 자려고요."

"어쩌나, 그 모텔 얼마 전에 불이 나서 지금 영업 안 하는데요."

"그래요? 그러면 그 모텔 옆 전주 식당에 가서 하룻밤 재워 달라고 떼를 써봐야겠군요."

"그렇게라도 해보세요. 길 잘 걸으세요."

"네, 감사합니다."

정말이지 길에서 사람 만나기는 쉽지 않은데, 이분들과는 두 번이나 만났다. 잠 잘 곳이 없다 하니 갑자기 피로감이 엄습해 온다. 마음이 조급해지면서 민박집 전화번호를 수첩에 기록해 본다. 압록에 잠 잘 곳이 없으면 차량을 이용해서라도 자고 가야지 어쩔 수 없지 않은가. 피곤할수록 잠을 잘 자야 된다.

오래전 부산에서 월출산까지 운전을 하고 갔을 때 너무 피곤하여 그 노독을 풀기 위해 월출산 관광호텔에서 하루 머물고, 다음 날 일찍 도갑사로 가서 월출산 등정을 하였을 때 피곤하지 않고 산 등정을 잘할 수 있지 않았던가! 여행객에게는 그날그날의 피로를 풀 수 있는 숙소는 정말 중요하다. 지금 주위 경치는 무척 아름다운데 너무나 지친 나머지 눈에 잘 들어오질 않는다. 나의 무거운 발걸음을 보고 지나가던 택시 기사가 말을 걸어온다.

"아줌마, 어디까지 가세요? 우린 부부가 놀러 나온 차거든요. 목적지까지 태워 드릴게요. 타세요." 한다.

"예, 고맙지만 나는 차를 탈 수가 없어요. 나는 도보 여행 중이라서 걸어야 하거든요." 이런 말을 듣지 않기 위해, 나의 등 뒤에 국토순례라고 크게 써서 다니는데 인정이 넘치는 택시 기사님의 따스한 인간미가 쌀쌀한 날씨에 훈훈한 봄바람처럼 지친 내게 전해져 온다.

오후 5시 50분 모텔 옆 전주 식당에 도착하여 식당 사장님께 숙소 부탁을 하였더니 민박집 예약을 해준다. 전주식당에서 저녁을 먹는데 너무 피곤한 탓인지 밥이 잘 넘어가질 않는다. 마른반찬과 밥 한 공기를 더 달라고 하여 주먹밥을 만든다. 다리가 너무 아픈데 왔던 길을 1㎞ 정도

되돌아가려 하니 송광사 가는 길에서 히죽히죽 웃으며 걷던 일이 생각난다. 걷는 여행을 하고 있으면서, 헛걸음을 한 발자국이라도 더 걷는 것이 무섭다. 그러면 왜 걷니? 하고 나에게 물어보고 싶다. 소변이 너무 마려워 호젓한 길로 접어들어. 차량이 뜸하길래 언덕을 조금 올라가서 소변을 보고 있으려니 곤색 트럭 한 대가 횡하니 지나간다. 어쩌나, 세 발자국만 더 걸어 들어갔어도 지나가는 차에서 나를 볼 수 없을 터인데, 저 트럭 기사가 나의 까놓은 엉덩이를 보았을 것만 같다. 창피하게시리. 동생한테 들은 유머가 생각난다.

홀로 사는 골드미스가 앵무새를 키우고 있는데, 어느 날 샤워를 하고 알몸으로 나오니 앵무새 왈 "내 니 뭐 봤다. 내 니 뭐 봤

다"라고 종알거리니까, 골드미스 왈

"너 한 번만 더 그 소리 하면 머리를 빡빡 밀어버리겠다." 다음 날 앵무새는 정말 머리를 깎이고 말았다. 어느 날 그 집에 머리를 빡빡 깎은 시주승이 시주를 하러 왔다. 그 시주승을 본 앵무새 왈 "니도 주인한테 뭐 봤다 캣더나?"

시시껄렁한 유머를 생각하며 혼자서 히죽히죽 웃으며, 그 곤색 트럭 기사가 다시 되돌아오는 건 아니겠지, 괜한 걱정을 하며 길 걷던 생각을 해본다.

너무 힘든 날인데 민박집은 몹시 불편하다. 춥기도 하고 욕조가 없으니 다리 풀기가 어렵다. 등산화를 벗으니 다리가 퉁퉁 부어 있다. 처음으로 완주할 수 없을 것 같은 나약한 생각이 꾸물꾸물 올라온다. 이 상태로 계속 걸을 수 있을지 걱정이 된다. 샤워실 타일 바닥에 처량하게 앉아서 발과 다리에게 미안해하며 샤워를 한다. 마침 까리따스에게서 전화가 온다. 전화기 속의 내 목소리에 놀라며 걱정을 한다. 나는 지금 많이 지쳐 있다. 너무 힘들다. 따뜻하게 주무세요. 하는 위로의 말과 문자를 받고 마음이 한결 가벼워진다.


그 옛날 나의 임과 마금산 온천으로 낚시를 갔을 때이다. 북창원 수로에서 낚시를 하고 날씨가 추워서 텐트에서 잠을 잘 수가 없었다. 너무 피곤하여 우리 부부는 마금산 온천에서 하룻밤 자고 다음 날 낚시를 하려고 했다. 그런데 마금산 온천모텔에서는 잠자는 사람을 손님으로 받지 않는다는 황당한 말에 당황했다. 모텔은 길 가다가 지친 사람들이 하룻밤 쉬어 가는 곳이 아니더란 말인가? 우리는 감겨 오는 눈을 부릅뜨고 갓길에서 잠깐씩 쉬면서 부산 집까지 갈 수밖에 없었다.

그때도 지금처럼 많이 힘들었지. 내가 사서 하는 고생이니 춥고 휑한 방이라도 감사하며 쉴 수밖에 없다.

| | |
|---|---|
| **아침** | 송광사 |
| **점심** | 죽전1구 소연식당 |
| | 소머리 국밥 6,000원 |
| **저녁** | 압록 전주식당 |
| | 정식 9,000원(주먹밥 한 공기 포함) |
| **숙소** | 가든 산장 35,000원. |
| | 061-362-8343. 시설 양호 식사 가능 |
| **걸은 거리** | 32.8㎞ |

# 섬진강 물줄기를 바라보며

**압록 → 섬진강 자전거 도로 → 논곡 → 수지면 → 호곡 삼거리 → 주천면**

새벽 6시 10분 숙소에서 좌측다리를 건너 우측 논곡 방향 섬진강 자전거 국토 종단 길을 걷는다. 벚꽃이 막 터지려고 하는 새벽길의 찬바람이 어제의 나약한 나의 마음을 거두어 가 버린다. 발걸음도 경쾌하게, 보무도 당당하게 걸어본다.

우리나라가 금수강산이라는 것이 실감이 난다. 도깨비마을 쉼터에 앉아 좌측을 보니 제일 윗길은 기찻길 중간은 차도 아랫길은 자전거 전용 도로로 조성되어 있다. 우리나라 좋은 나라라고 칭송을 하며 이 길을 만드느라고 수고하신 분들께 감사를 드린

다. 강 건너 기차가 잠깐 머물렀다가 떠나가는 아담하게 생긴 '개운한 역' 역사를 쳐다보며 무어라 표현할 수 없이 아름다운 길 혼자 걷기에 아까운 길, 조용하고 멋진 섬진강 물줄기를 따라 강 우측의 자전거 길을 걷는다.

열심히 사노라고 허둥대며 지냈던 삶 속에서는 잠깐씩 잊고 있었던 지나간 일들을, 처음으로 걸어보는 낯선 길 위에서 떠올려 본다.

내 마음속 깊은 곳을 차지하고 있으면서 지금 나와 함께 걷고 있는 나의 임과 나는 남녀공학인 시골 중학교의 동기 동창이다. 1967년 2월 우리는 각각 다른 고등학교에 진학했고, 친구보다 더 친한 친구로 발전했다. 중3 담임 선생님께서는 그에게 많은 관심을 가지고 계셨으며 인문계 고등학교에 진학하여 법대에 가라고 조언해주셨지만, 불우한 가정의 장남으로 동생들 걱정과 어려움이 많던 그는 빨리 돈을 벌어야겠노라고 해양고를 선택했다. 그때부터 주고받았던 수많은 연애편지들. 한창 사춘기였을 때 우리는 나름 시인이고 소설가였다. 그는 정말 편지를 감미롭게 잘 썼다. 그의 편지들을 나는 몇 권의 책처럼 만들어서 가지고 있다. 언젠가 아들이 읽어 보았노라고 하면서 그 편지들을 없애지 말아 달라고 했다. 나중에 갖고 싶다기에 잘 간직하고 있다.

법대를 못 갔던 그는 결국 군 장교의 길을 가겠노라고 제2사관학교에 지원하였고, 나는 일 년에 365통의 편지를 보냈다. 내가 보낸 편지는 다 사라지고 지금은 없다. 너무나 사랑했던 시간들, 행복했던 순간들이 그의 편지 속에서 살아 숨 쉰다. 그는 늘 내가 듣기 좋아하는 말들만 했고, 결혼생활 동안 한 번도 나의 마음을 아프게 하지 않았던 사람이다. 소위 임관 후 가평 현리에 있는 임을 만나기 위해 새마을호 기차를 타고, 마장동 시외버스 터미널에서 버스를 갈아타고 현리까지 다녔던 지난날들, 청평댐에서 스케이트를 함께 즐기며 얼음 위에 넘어져 소리쳐 웃던 환한 웃음소리와 행복했던 순간들이 마치 동영상처럼 스쳐 지나간다. 아름답고 행복한 나날들도 많았지만, 오늘 이 섬진강 물줄기 따라 걸으니 나의 지나간 아픔이 물밀듯 나를 덮친다.

임이 가평 현리에서 부산으로 발령을 받고, 육군 중위인 1974년 우리는 결혼을 했다. 그때 시어머니 나이 마흔일곱이었다. 나의 엄마는 할머니였고, 아버지가 없던 나는 젊으신 시어머니와 시아버님이 좋았다. 그러나 우리 집에서 공주로 자라 철없고 살림살이가 미숙한 나를 시어머니는 좋아하지 않으셨다.

그때는 삼십만 원만 주면 전세방을 얻을 수 있었다. 시부모님은 수저 한 벌도 도와주지 않으셨다. 그 당시 중위 월급이 만칠천 원인가, 팔천 원인가 였고, 방 월세가 삼천 원이었다. 어느 달은 월급으로 사병들 장갑이랑 소모품 사주고 남은 사천 원만 나에게 가져다주는 것이 아닌가. 방세 주고 남은 돈이 없기에 기장에 계시는 시어머니께 쌀 한 말 사주십사고 했다가 된통 당하고 말았던 아픈 기억이 있다. 낳아서 길러주고 장가 보내주었으면 됐지, 난 너희가 굶든지, 먹든지, 죽든지 상관없다, 하며 돼지 저금통을 깨서 십 원짜리로 삼천 원을 주길래 그걸 들고 개금까지 울며 가면서 그 돈을 왜 받았을까 후회도 했다. 어쩌면 그 말씀이 옳았는지도 모른다. 하지만 그때는 왜 그리도 서럽고 마음이 아프던지, 그 이후로 어려운 사정을 시어머니께는 말하지 않았다.

용호동에서 수예점을 운영하며 잘 지내고 있었는데, 어느 날 시어머님이 합가를 제의하셔서 시부모님 댁에 합가를 했다가 많은 상처를 받고 쫓겨나 두 딸을 잃어야 했던 아픔, 일산화탄소의 중독 후유증으로 나는 양쪽 발뒤꿈치가 망가져서 걸음을 제대로 걸을 수가 없었다. 딸 아이 보험금은 시어머니께서 챙기시고, 친언니가 아이들의 옷이랑 책은 고아원에 갖다주고 연산동에 조그마한 방 한 칸을 마련하여 이사를 해놓았다. 우린 그곳에서 새로운 삶을 시작하였다. 임은 두 딸을 잃은 슬픔에서 헤어나지 못해

페인이 되다시피 했고, 나는 겨우 걸을 수 있게 되자 화장품 외판원을 시작했다. 저녁에 집으로 갈 때는 임을 위하여 막걸리 한 병에 담배 한 갑을 잊지 않고 사 들고 들어가 그를 위로했다. 그러던 어느 날 우리가 외출한 사이 도둑이 들었다. 얼마나 가져갈 것이 없었는지 도둑이 백 원짜리 동전 한 닢을 떨어뜨리고 간 적도 있다. 도둑의 실수였겠지만….

그러던 중에 임은 김해 녹산의 예비군 중대장직을 맡게 되어 1981년 초녹산에서 알콩달콩 또다시 신혼 같은 생활을 보낼 수 있게 되었다. 나는 그 사고의 후유증으로 배 속에 가스가 차면 변을 보다가도 졸도하는 일을 자주 겪게 된다. 녹산 시골의 재래식 화장실을 갈라치면 임은 언제나 화장실 문 앞에 서서 기다려 주었다.

예비군 중대장직이 공무원이 된다고 하니 녹산 소대장들의 만류를 뿌리치고 고향으로 가고 싶다고 임이 말했다. 인간은 망각의 동물이라 했던가! 우리 부부는 상처투성이인 채로 또다시 고향을 찾아들었다. 본가가 지척인 우리 부부는 시어머님으로부터 늘 성화를 당하는 삶을 살아야 했다. 뇌졸중으로 몸져누워 계신 시아버님 병수발에 지쳐 있던 시어머니께서 내 편만 드는 시아버님과 아들이 미우시니 내게 욕설을 퍼부어대시며 아들의 멱살을 잡고 흔드니, 셔츠가 찢어져 나갔다. 임은 그런 어머니를 뿌리치고 계단 뒤편에 숨어 있는 나를 남겨 두고 차를 몰고 휭하니 떠

시골 아낙, 추억을 업고 걷다

나 버렸다.

나는 성당 자매 집까지 한참을 걸어가서 차비를 빌려 기장에서 일광 집으로 가 있자니, 화 나는 일만 있으면 "나는 쥐약 사 먹고 죽을란다."고 시어머니의 평소 하던 말씀이 퍼뜩 떠올라, 다시 시댁으로 가보니 시어머니는 집에 안 계셨다. 순간 걱정이 앞선다. 찾아 나서 보니 시어머니는 저만치 밭둑길을 걷고 계셨다. 나는 시어머니의 등 뒤에서, "어머니, 제가 잘못했어요. 죄송합니다."를 크게 세 번 말했지만, 시어머니는 대답 없이 걷고만 계신다.

시어머니의 등을 멍하니 바라보다 발길을 돌려 집으로 향했다. 내가 뭘 잘못했는지는 모르지만…. 시어머니의 대답은 듣지 못해도 내 마음은 조금 후련했다. 또 언젠가 두 딸 아이를 잃고 1982년 임신을 하였는데, 임신한 나의 배를 향해 시어머니는 삿대질을 하며 심한 말로

"자식을 낳기만 해봐라."며 악담을 퍼부어 대신다. 정말 말은 무섭다. 말은 살인까지도 하는가 보다. 시어머니의 그 말에 내 배 속의 아이가 쏟아졌다. 유산이 된 것이다. 나는 산부인과에 가서 치료를 받으며 한없이 울어야 했다. 키우던 자식도 지켜주지 못하고 배 속의 아이도 지켜주지 못해 너무 미안하고 서럽고 아파서 울고 또 울고…. 그러나 지금의 아들을 임신하고는 시어머니의 언어폭력에 시달릴 때면 그분과 가까운 곳에서 숨조차 쉬고 싶지 않아 임께 말하고 멀리 포항 친구 집까지 가출을 하곤 했다.

시어머니 친구분께서 시어머니가 자주 내 칭찬을 한다고 들었 건만 임과 내가 정답게 사는 모습도 시누이와 내가 다정하게 지 내는 모습도 언어폭력으로 돌아온다.

시어머니의 언어폭력에 시달리던 아래 동서가 어린 딸아이와 시동생을 두고 집을 떠나며, "형님은 바봅니꺼, 와 참고 이집에 서 삽니꺼?" 하며 잡는 나의 손을 뿌리치고 가버렸다.

동서가 떠나고 나니 시어머니께서 "내가 니 한테는 잘못한 게 있어도 지한테는 잘해줬는데 와 가뿌노. 못된 것" 하셨던 시어머 니께서 염치없게도 새벽밥 하기 싫으시다며 단칸방 신세인 우리 에게 중학교에 다니는 막내 시동생 새벽밥을 해 먹이며 함께 살 게 하셨다.

그러던 어느 날 시어머님은 수박 껍질에 그만 미끄러져서 다리 를 다쳤다. 그때 나는 지금의 아들을 가져서 만삭이었다. 거동이 불편한 어머님 병수발하다, 예정일 보다 20일 앞당겨 아들을 출 산했다.

어느 해 시아버님 기일 제사를 모신 후 시어머님께서 아들에게 돈 타령을 하신다.

"내가 돈이 없어 몬 살겠다. 너거 돈 좀 주가."

아들이 말한다. "엄마, 나는 이제 병들었고 힘도 없고 돈이 없 어요. 이제 그만 좀 하소."

"야, 이넘아, 내가 니 낳아 키워주고 교복 빨아 입혀 학교 보냈는데 와 돈 좀 몬 주노?"

시어머니 말에 옆에서 시누이가 말한다. "엄마, 오빠만 낳아 키
웠나, 와 오빠만 괴롭히능교?"

우리집 아파트 복도에 이 놈이 불효자라는 시어머님의 고함이
울려 퍼진다. 제사에 참석했던 사촌 시동생이 며칠 후.

"형수, 형님 모시고 외숙모 없는 어디 먼 데로 이사 가서 살몬
안되겠능교, 여, 이데로 계속 살다가는 외숙모땜에 형님이 지리
죽겠심더."

그 후 나는 임과 함께 기장에서 먼 곳 의령, 진주 근처 이곳 함
안의 끝자락으로 이사를 했다.

임이 어느 날 두 남동생에게 "니 형수랑 내가 엄마한테 당하고
산 일을 너거는 모른다. 지금은 말 할 수 없고 엄마 돌아가신 후
에 말해줄게."

그러던 임이 먼저 가고 말았으니, 난 억울한 심정을 유서처럼
써두었던 것을 불에 태워 버렸다. 그러나 늘 쪼들리던 살림에 시
댁이 진 빚을 대신 갚아준 서류는 가지고 있다. 이것도 집에 가
면 태워 버리리라.

왜 이토록 안 좋은 일만 떠오르는 걸까? 지난날의 아픔을 지
울 수만 있다면 지우고 싶다. 그런데 아무리 지워버리려 애써도
선명한 상처 자국이 깊이 박혀 가슴이 아프다. 신혼 때의 십 원
짜리 삼천 원의 상처, 내가 몸이 아파 각혈을 했을 때의 시어머

니로부터 구박받은 상처, 첫 아이를 낳고 시어머님께 받은 상처, 두 딸을 데리고 명절을 지내러 다닐 때의 상처, 내 편을 들다가 쫓겨난 병든 아버님을 모시고 와서 함께했던 날들, 암 환자인 임 간호 중에도 쏟아지던 언어폭력의 상처, 상처들, 시어머니께서 보여준 냉철함과 가혹한 모습은 나에게 참 오랫동안 상처로 남아 있었다. 용서란 상대를 위한 것이 아니고 나의 짐을 내려놓는 것이리라. 과거는 다시 오지 않는다. 나는 오래전에 시어머님을 용서했으며 지금은 그분이 그저 안쓰럽고 마음이 아프다. 자주 찾아뵙지는 못하지만 전화는 자주 드린다. 그분의 마음도 이제는 온화해져서 전화상으로 들려오는 음성은 밝고 따스하다. 가끔 용돈을 보내드리면 "고마봐요"라며 말씀하시고, "나는 니만 생각하면 눈물이 난다"고 하신다. 치매 초기인 시어머니는 당신 딸은 못 알아보셔도 나는 잘도 아신다. "니는 내 며느린데 내가 니를 어찌잊노." 그렇게 말씀하시는 어머님! 나를 늘 기억해주고 언제나 반갑게 맞아주셔서 감사합니다.

그런 시어머님을 용서했으니 사랑까지는 하지 않게 해달라고 기도하던 나의 마음을 이제는 거두고 싶어진다. 이 세상에서 내가 미워하는 사람은 단 한 명도 없다고 하는 내 말이 거짓임을 증명하는 것 같아서다. 마음속 깊은 곳에 시어머님을 향한 미움의 마음이 남아 있었던 것일까? 이젠 다 떨쳐 버리리라. 아카시아 나무도 늙으면 가시가 무뎌진다는데, 나도 이젠 나이 육십을

훨쩍 넘겼으니 말이다.

이 섬진강 길에서 섬진강 맑게 흐르는 물줄기에 지난날 시어머님을 향한 그 미운 마음을 이제 다 떠내려 보내고 갈란다. 여행을 마치고 집으로 돌아가서는 시어머님을 사랑하려고 노력해 볼란다.

서럽고 아팠던 기억들과 이야기 나누며 장장 5시간을 싱그러운 자연과 벗하고 걸으면서 보고 있어도 보고 싶었던 나의 임 모습을 떠올리며 '눈을 감고 걸어도 눈을 뜨고 걸어도 보이는 것은 그리운 모습, 보고 싶은 얼굴, 유행가 가사를 조금 바꿔 흥얼거려 본다.

낮 12시에 자전거 반환점에 도착한다. 수지면에 식당이 있어 점심식사가 가능할 것 같지만, 배낭 무게를 줄이기 위해 주먹밥으로 점심을 해결한다. 수지면 표지석에 '가슴이 있느냐 고향에 드러내라'라는 애향 시비가 마음이 아프고 쓰라렸던 나를 참 정겹게 맞이한다.

호곡삼거리에서 우회전하여 주천면을 찾는데 이정표를 잘못 보았는지 헷갈린다. 문화마을 정류소에 앉아 쉬노라니 아들이 출발해서 오고 있다는 전화가 온다. 정류소에서 조금 걷다 좌측으로 가야 되는가 본데 마음이 급한 나머지 오르막길을 한참 올라 나무 묘종을 채취하는 분들께 물어보고 왔던 길을 되돌아서 주천면을 찾아든다. 귀농 회장님께서 친절하게 식당과 숙소를 추천해주신다.

어제는 걷기가 정말 힘들었는데 오늘은 훨씬 수월하다. 발목 통증도 사라지고 모든 것이 편해졌다. 내가 끝까지 잘 걸을 수 있을까요? 했더니 안드레아 형제님께서 '일주일만 지나면 일어서서 길 위에 발만 올려놓아도 자연스럽게 걸어진다'는 말씀이 생각난다.

아들이 중간보급품으로 견과류와 대용식 등을 챙겨왔다. 며칠 만에 만나는 아들이 걷고 있는 엄마가 안쓰러운지 짠한 눈빛으로 쳐다본다. 아들을 보니 무척 반갑다.

단백질 섭취를 위해 아들과 함께 오리 백숙을 시켜놓고 또다시 파이팅을 외치며 맛나게 저녁을 먹고 육묘정 허브 찜질방에서 쉰다. 아들이 떠나면서 내 손에 쥐여주고 간 용돈이 있어 마음 든든하다. 민박집은 있지만, 계절이 이른 탓으로 운영도 하지 않는다. 찜질방 시설이 아주 좋다. 식사도 가능하다.

아들과 저녁

**아침** 주먹밥
**점심** 주먹밥
**저녁** 송림산장 오리 백숙
**숙소** 육묘정 허브찜질방
      10,000원. 매트 2,000원
**걸은 거리** 39.6㎞

시 골 아 낙, 추 억 을 업 고 걷 다

# 가난한 부자

주천면 → 지리산 둘레길 1구간 → 회덕마을 → 덕산 저수지 → 공원 민박

오늘은 걸을 길이 그리 멀지 않다. 찜질방 앞 식당에서 아침을 먹는다. 찜질방에서 만난 서울에서 여행 오신 부부가 맛있다던 미역국을 시켜 느긋하게 먹는다. 식당 여사장님께서 국토순례 하느냐며 따뜻한 음식을 살갑게 챙겨주신다.

비가 부슬부슬 내리는 길을 우산을 받쳐 들고 면사무소에 가서 주민등록등본과 건축물대장을 발급받아 우체국에서 등기로 보낸다. 정부 지원 펠릿 보일러 신청을 해두고 왔더니 필요한 서류 챙겨 보내라고 어제 전화가 왔다. 여행 중이지만 마침 면소재지 가까이 있었고 조금 한가한 날에 전화가 와서 안성맞춤이다.

오전 10시 40분 우산을 쓰고 지리산 둘레길 1구간 안내소에 들리니, 젊은 여인 두 분이 둘레길 팸플릿을 주면서, "표시대로 걸으시면 됩니다, 여행 잘하세요."라며 친절하게 안내를 해준다. 감사하다는 답을 하고 논밭길과 도로를 조금 지나 산길을 오른다. 깊고 깊은 산길, 아름다운 새소리, 부슬부슬 내리는 봄비에 바람도 살랑살랑, 적막한 고요 속에 나의 가쁜 숨소리만 산을 가득 채운다.

내가 집을 나설 때 우리 집 주위에 피어 있던 진달래들이 이곳에서도 예쁘게 피어 나를 반겨주고 길가의 용트림하듯 서 있는 사랑 소나무의 모습이 특이하다.

길가의 울퉁불퉁한 돌들과 사랑 소나무를 보니 나의 임과 함께했던 장흥 천관산 여행의 추억이 떠오른다.

그때 우리는 지금 내가 몰고 다니는 차를 타고 천관산 등정을 했다. 그날도 오늘처럼 비가 추적추적 내리고 조용한 산속에 여행객이라고는 달랑 우리 두 사람뿐이었다. 휴양림 룸 시설이 아주 크고 잘 되어 있었다. 밤새 내리는 빗소리를 들으며 조용하고 깊고 깊은 산속 따뜻한 휴양림에서 우리 둘은 너무 행복했었지.

아침이 되니 밤새 내린 비가 산 전체를 깨끗하게 단장을 해놓았다. 그 멋진 산길을 우람하고 둥실둥실한 바위를 건너뛰며 즐거웠던 산행, 행복했던 시간들, 지금 지리산의 둥실둥실한 바위

시 골 아 낙, 추 억 을 업 고 걷 다

천관산

모습에서 새삼 나의 임의 다정다감하면서도 듬직하고 바위 같던 모습이 겹쳐진다.

이 깊은 산길을 혼자 걸으면서 가진 것이 많은 재물 부자들은 그것들을 두고 위험에 처하는 일이 생길까 두려워서 이 호젓한 길을 걸을 수 없겠지? 하고 실없는 생각을 해본다. 통장에 돈이 조금 있는 것을 가지고 여행하려 했는데 농사 자금 대출금 상환을 해야 할 상황이 생겨 상환을 하고 나니 여행경비가 문제다. 아들에게 적금을 해약해야겠다고 하니 "어머니, 제가 드릴 테니 그러지 마세요." 한다. 난 "알아서 할 테니 걱정 마시게." 하고는, 주저하지 않고 적금을 해약하여 이 길을 나선다. 아들이 알게 되면 서운할 테지만…. 적금은 언제든지 들 수 있지만, 환갑 진갑이 지난 이 나이에 여행은 지금이 아니면 어려울 것 같기에 얼마나 잘한 결정인가! 아, 난 마음이 부자다.

봉사활동을 하면서 나의 생일날에는 봉사자들에게 점심 한턱을 쏜다. 비록 가진 물질은 많지 않지만 쓸 때는 써야지 하는 것이 내 주관이다. 내가 이번 여행을 위해 휴가 신청을 했을 때 봉사자님들께서는 케이크를 자르며 건강히 잘 갔다 오라는 파티를 해주었고, 월요일마다 본당 신부님께 보고 드릴 계획으로 지난 월요일 '카카오톡'으로 소식을 드렸더니, 신부님께서는 늘 합장 기도해주신다는 답장을 주셨다. '잘할 수 있어요. 건강히 만나길, 아자아자!'라고. 나를 위해 기도해주는 많은 분들이 마음속에 항상 자리하고 있으니 나는 결코 혼자 걷는 길이 아니며 두려움 없이 임과 함께 걷는 이 길이 행복하고. 늘 감사하다.

서로서로 사랑을 주고받을 수 있는 사람이 많은 나는 진정 마음만은 부자이리라. 구간구간 벤치와 쉼터가 있었지만 비가 와서 젖은 벤치에 앉아 쉴 수가 없다.

오후 1시 40분 회덕마을에 와서야 버스 정류소에 앉아 쉬면서 간식을 먹는다.

운봉읍 조금 못 가 안드레아 형제님께서 강력 추천해주신 민
박집이 있을 텐데 하면서 조금 헤매다가 오후 3시가 지나 공원민
박집에 도착한다. 안주인께서 반갑게 맞아주신다. 마치 친정집에
온 듯한 느낌을 주는 편안하고 좋은 민박집이다. 손님이 와야 고
기가 상에 오른다고 하며 푸짐하게 차려진 집 밥을 인상 좋으신
주인 내외분과 함께 식사를 한다. 민박집 사장님은 목기 명인이
며, 얼굴에는 온화한 미소를 머금고 계셨으며 하루 묵어가는 모
든 이들에게 방명록을 받으신단다. 나도 왜 이 길을 걷고 있으며,
앞으로 어떤 삶을 살아보겠노라, 기록을 하고 그분의 작품 한 점
을 구입하여, 작품에다 시골 아낙의 국토순례객이라고 적어두고
택배 부탁을 드린다. 오랜만에 가정집에서 편히 잠을 청한다.

**아침** 찜질방 미역국 5,000원
**숙박비** 20,000원
**저녁, 내일 아침** 12,000원
**걸은 거리** 12.1km
\* 공원민박: 010-5020-1087
　　　　　 010-4828-1087

종주를 마치고 집에 오니 작품 몇 점
을 추가해서 집으로 보내주었다. '고
맙습니다, 사장님.'

# 호스피스 봉사활동

**공원민박 → 운봉읍 → 다이어트 하우스 → 흥부골 자연휴양림 → 인월 → 함양**

매우 인상 좋은 민박집 주인 내외분이 챙겨주는 과일과 주먹밥을 들고 부슬부슬 내리는 봄비를 맞으며, 아침 8시 10분 출발하여 자그마한 개울이 흐르는 강둑길을 걷고 있노라니, 자전거 타고 지나가는 아저씨 한 분이 혼자 걷느냐고 물이 오기에 아니라고 나의 뒤에 많은 분들이 오고 있다는 말로 답을 한다. 왠지 뒤에 누가 따라오고 있다는 말을 하면 훨씬 안전할 것이라는 생각이 든다. 사람이 한 명도 안 보이는 곳이 마음이 더 편안하다. 육십 훌쩍 넘긴 아낙이라도 여인이니 혼자 걷는 게 가끔은 걱정된다.

저 멀리에서 농로 정리하는 남자들이 보여도 안 보이는 것보다는 마음의 평정이 흐트러진다. 나는 초능력을 가지신 분이 항상 나를 돌봐줄 거라는 확신을 가지고 있으면서도 가끔은 불안한 마음도 함께 찾아든다. 어쩔 수 없는 아낙의 마음이리라.

한참을 걸으니 운봉읍 식당과 상가들이 많이 있다. 공원민박집에서 2시간 거리. 군화동 마을 '행복이네 민박집'도 있다. 연락처는 010-3233-8877. 공원민박집이 강력 추천하고 싶은 집이지만, 거리가 짧으니 이곳이 좋을 것 같기도 하다.

인월까지 걷는 둘레길 2구간은 차도와 군데군데 있는 마을들을 보며 걷는다. 다이어트하우스 마당을 가로질러 호젓한 산길을 오르며 나의 봉사활동과 삶과 죽음에 대해 생각해 본다. 나의 임을 보내고 봉사활동을 하기 위해 부산M병원 67병동을 찾아갔을 때이다. 우리 부부를 알고 있던 간호사들이 나를 의아하게 쳐다본다. 나에게 주어진 짐이 너무 힘겨워서 내려놓고 싶고 그리움이 밀려와 피하고 싶기도 하련만, 6개월 동안 임과 함께 지냈던 그 병동을 환자 가족이었고, 사별 가족이었던 나는 환자와 보호자들의 마음을 잘 헤아릴 수 있으리라 생각하며 발지압을 배워서, 사별 2년 1개월이 지난 2012년 2월에 찾아 들어갔던 것이다. 3년이 지난 후에 봉사활동을 하라고 원장 수녀님께서 말씀하셨지만, 호스피스 봉사자는 나이 제한이 있기에 나는 서둘러 봉사활동을 하면서 호스피스 교육을 4월에 이수하였다.

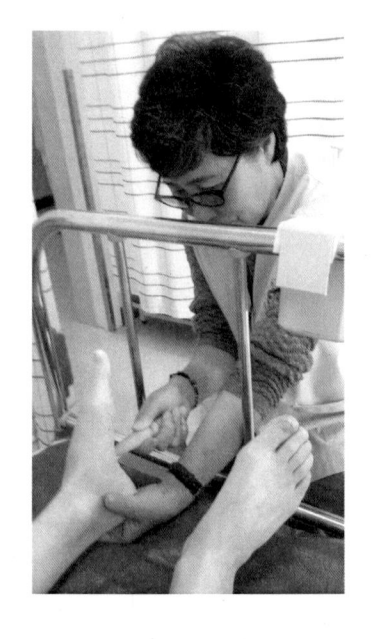

환자와 환자 가족들의 마음을 잘 헤아릴 수 있으리라. 마음으로 용기를 내었건만, 지난날 나의 임이 누워있던 침상에 누워 있는 환자를 바라보는 순간 울컥 치미는 서러움에 마음의 평정을 찾기 힘들었다. 나는 이 모든 슬픔, 아픔, 그리움을 이겨내려 하지 않고 묵묵히 참고 견뎌내어 보리라. 발지압을 가르쳐 주신 마리아 형님께서 나의 임에게 하던 것처럼 환자들의 발을 만지며 그들의 가슴속에 따뜻한 정을 전하고자 밝은 표정으로 연기 아닌 연기를 해본다. 2년 1개월 만에 찾아온 병실에는 그때 함께했던 환우와 가족들은 거의 없다. 암이란 것이 얼마나 무서운 것인지 다시 한 번 절감했다. 나와 동갑내기 한 사람만 남아서 먼 길 떠나기 전 마지막 인사를 나누고 그 가족들과 무언의 포옹을 나눌 수 있었다.

처음에는 매우 힘들었다. 많은 아픔 견뎌내며 환자들과 그 가족들의 친구가 되어 주기 위해 노력한다. 너무 힘들고 지칠 때 그것을 뛰어 넘을 수 있는 것은 그 무엇도 아닌 나 자신의 의지이리라. 봉사자로서의 자질은 많이 부족하지만 나름 최선을 다해본다.

병원 복도에서 만난 나의 임의 주치의였던 의사 선생님께서

"어, 어머니 여긴 웬일이세요?"

"이곳에서 호스피스 봉사활동을 하고 있어요."

"네, 아버님도 옆에 함께 계시네요." 하신다.

그분은 우리 부부가 얼마나 아끼고 사랑했는지 알고 계신다. 나는 말없이 항상 함께 있는 나의 임인 그 사나이와 무언의 대화를 나누며 생활하고 있으며 함께 봉사한다는 마음으로 집을 나선다.

난 수요일이면 새벽 5시에 일어나 아침을 먹는 둥 마는 둥 7시 30분 집을 나서 부산행 첫 시외버스를 타고 부산에 있는 M병원으로 봉사를 간다. 집에서 병원까지 소요시간 2시간 10분. 언제나 10분 지각이다. 겨울이면 길이 얼어서 화요일 오후에 나가니 지각을 면할 수 있다. 많은 시간과 노력을 들여 하는 봉사인 만큼 환우들과 따뜻하고 다정한 정을 나누고자 한다. 환우분 중에는 자식들로부터 받은 서운한 마음을 털어내며 눈물짓는 분들도 계신다. 그럴 때면 나는 등을 토닥토닥 두드려 주며 말동무가 되어드리기도 하고, 발지압을 해 드리고 뜨거운 물수건으로 다리 마사지 하고 만져주면, "아, 천국에 온 것 같다"라고 하며 행복해 하시는 모습에서 나도 덩달아 행복을 느낀다. 나의 임도 발지압 받는 것을 무척 좋아했다.

6개월간 돌보았던 나의 첫 환자는 봉사자들에게서 많은 사랑을 받고 정도 많이 주고 이 세상을 떠났다. 영세도 받고 불편한

몸으로 미사참례에도 빠지지 않았다. 미사참례를 하고 싶어도 할 수 없었던 나의 임을 생각하며, 그 환자분께서 대신하는 것 같은 느낌을 받으며, 주렁주렁 수액을 달고 있는 그를 휠체어에 태워 함께 미사참례도 하고 성가도 함께 부르곤 했다.

내가 항상 호스피스 기도서를 들고 가 읽을 수 있는 분과는 함께 읽고 그 힘마저 없는 분께는 귓가에 나직이 아래의 시를 읽어 드린다.

### 그대의 사랑으로

나 그대 앞에
떨리는 모습 이대로 나아가오니
그대의 가슴으로 나를 덮으소서.
내 모든 외로움 그대에게 맡기오니
그대의 사랑으로 나를 붙잡으소서.

나 그대 앞에
눈물 흘리며 나아가오니 그대의 눈물로 나를 덮으소서.
내 모든 슬픔 그대에게 맡기오니
그대의 사랑으로 나를 기쁘게 하소서.

(생략)

나 그대 앞에
쓰러진 모습 이대로 나아가오니
그대의 희망으로 나를 덮으소서.
내 모든 낙심 그대에게 맡기오니
그대의 사랑으로 나를 채우소서.


이 시를 읽어주면 많이 좋아하시고 쉽게 친숙해지기도 한다.

특이한 암 투병을 하는 착하디 착한 환자 생각이 자주 난다. 그는 입원 중 결혼기념일을 맞이하였는데 그를 기쁘게 해주기 위해 그날 무슨 노래를 불러줄까 하고 그에게 물어보았더니 트로트를 좋아한단다. 나는 일주일 넘게 '내 나이가 어때서'를 연습하여 그에게 꽃다발을 안기며 수요일 팀원들과 함께 율동과 노래를 곁들여 재미있게 해주었더니 소리 없는 눈물을 한없이 흘리며 병이 나을 수만 있다면 꼭 누님처럼 봉사하는 삶을 살고 싶다고 하였다.

마음이 짠해지며 동시에 보람도 함께 느낄 수 있는 순간이었다. 많은 환자들과 이별을 하면서도 더 많이 생각나는 이름들이 있다. 내가 순수한 마음으로 그들에게 다가가지만 가끔은 환자들로부터 매몰차게 문전 박대를 당하기도 한다. 몸이 아프면 마

음까지 아픈가 보다. 쉽게 마음의 문을 열지 못하니 말이다. 눈
도장만 찍기를 두 달 하고 나서야 마음을 열기 시작 환자도 있
고, 길 떠나기 전날 나에게 등을 내밀던 환자, 끝까지 봉사자의
돌봄을 허락하지 않았던 환자는 기억에 더욱 선명하게 남아 나
로 하여금 그들을 위한 기도를 더 열심히 하게 한다.

　여행을 계획하면서도 위독한 환자가 있어 걱정하였는데 그분께
서는 아픔이 없는 편안한 곳 하늘나라로 떠나셨다. 공직생활을
오래 하신 점잖은 분이셨고, 오래전 상처喪妻를 하시고, 부인에게
다정다감하지 못하고 함께 여행도 제대로 못했던 것에 대한 아쉬
움과 미안함을 토로하시던 분이셨는데, 이제는 당신 부인을 만나
회포를 풀고 계실는지. 그 환우분 장례를 치르고 3주 후에 나는
이 길을 나선다. 천상병의 '귀천'이 생각난다.


**귀천**

천상병


나 하늘로 돌아가리라

새벽빛 와 닿으면 스러지는

이슬 더불어 손에 손을 잡고


나 하늘로 돌아가리라

노을빛 함께 단 둘이서

기슭에서 놀다가 구름 손짓하며는

나 하늘로 돌아가리라

아름다운 이 세상 소풍 끝내는 날

가서, 아름다웠더라고 말하리라…

 

 

나의 염원은 이 세상 소풍 끝나는 날 진정 행복했다고 말하며 씨익 웃으며 떠나고 싶다. 시골집에 있으면 하루 종일 풀과 씨름하고 벌 돌보고 일에 파묻혀 있어야 하는데, 수요일 봉사 가는 날은 환우들로부터 내려놓는 법도 배우고 팀원들과 담소도 나누고 맛난 점심 함께 먹을 수 있다. 수요일은 내게 삶의 활력소가 되어 준다. 적잖은 활동 경비와 많은 시간을 투자하지만, 그 몇 배의 보람을 느낄 수 있는 나의 봉사활동이다. 나는 어떠한 대가를 바라고 봉사하는 것이 아니기 때문에 환우분들의 고맙다는 말 한마디와 그분들의 자그마한 미소와 가녀린 몸짓 하나에도 감동과 보람을 느낀다. 아직은 봉사자로서의 자질이 부족함을 느끼지만 할 수 있을 때까지 봉사활동하며 살고 싶다.

시 골 아 낙 ,  추 억 을  업 고  걷 다

홍부골 자연휴양림에서 젊은 형제님을 만난다. 여행을 즐겨 하는 분 같다. 길 안내와 함께 차 조심하라는 말을 건넨다. 오나가나 정 많은 우리네 인심을 느끼며 그가 가르쳐준 포장된 내리막 길을 한참을 내려와 24번국도 함양 이정표를 보며 걷는다. 함양에 도착하여 거창 방향으로 걷다가 오후 5시에 미성식당에서 쑥국을 시켜 저녁을 먹고 있는데, 옆자리 손님들이 투박한 경상도 사투리로 정겹게 말을 걸어온다. 며칠만에 들어보는, 갱상도 사투리가 반갑다.

"아지매, 혼자서 길 걷능교?"

"사장, 이 아지매 밥값 받지 마소."

그래서 내가 "가까이에 편한 숙소가 어디 있능교?" 하고 물었더니 옆자리 손님이 안내해주겠다며 앞장선다. 식당 옆 덕일장모텔이다. 다혈질이며 인정 많으신 경상도 사나이 덕분에 편안한 휴식을 취해본다.

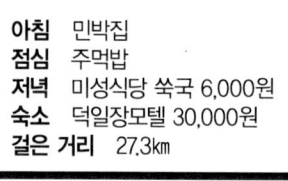

**아침** 민박집
**점심** 주먹밥
**저녁** 미성식당 쑥국 6,000원
**숙소** 덕일장모텔 30,000원
**걸은 거리** 27.3㎞

민박집 아침

# 나는옥식이

아침 6시 10분 출발. 거창을 향해 한참을 걸어 오니 모텔이 하나 더 보이지만 덕일장모텔이 훨씬 나을 것 같다. 어제는 깔끔하고 따뜻한 숙소에서 옷을 빨아 말렸다. 식당에서 식사하던 분이 비싸게 주고 안 좋은 모텔에서 자려고 하면 더 걸어가라고 하던 말이 생각난다. 난 숙소는 저녁 먹는 식당에서 정보를 얻어서 찾고 있다. 호산 버스 정류소에서 4일 전 소연식당에서 아침을 먹고 갔다던 순례객을 만나 주먹밥을 나누어 먹고 안의까지 길동무를 하며 걷다가 함양 약초 시장을 지나 안의갈비집에서 점심을 사드리고 헤어졌다. 잠시 길동무였던 그는 여행객의 복장도 갖추지 않고 허름한 바지에 운동화를 신고 배낭에는 노트북 정도만 넣고 다니는 모습이었다.

　여행경비를 아끼기 위해 한 끼 식사를 할 수 있을 때는 배 속에 넣을 수 있는 만큼 음식을 가득 채우고 저녁에는 거의 찜질방을 이용하며 라면으로 식사를 대신한다고 하였다. 나더러 왜 배낭을 그렇게 무겁게 메고 다니느냐고 물었지만, 나는 한꺼번에 음식을 많이 먹을 수도 없고 중간중간 간식을 먹어가며 갈아입을 옷도 있어야 하니 더 줄이려야 줄일 수가 없다. 적금을 해약해서 걷는 길이지만 경비를 아끼고 싶지는 않다. 무조건 편히 쉬고 잘 먹고 몸 상하지 않게 걷는 것이 나의 목표이다. 안의에는 갈비가 맛있다고 마치 노래처럼 하길래 내가 점심을 살 테니 먹고 가라고 했다. 경비를 줄여야 하는 길동무는 무척 좋아했다.

나도 오랜만에 혼자가 아닌 둘이라서 기쁜 마음으로 식대를 결제한다. 안의에서는 걷는 길이 다르다. 길동무는 수안보에 가서 가족을 만나고 구석구석 둘러보는 여행 전문가 같다. 통일 전망대는 나보다 며칠 늦게 도착하는 것으로 계획되어 있다고 한다. 통일 전망대에 도착하면 전화 한 통 해달라고 하며 나에게 전화번호를 건넨다. 그 길동무는 노트북을 가지고 다니면서 길 검색을 했는데 나는 컴퓨터 왕초보다. 그러므로 스마트폰으로 네이버 지도 검색하는 것이 서툴러서 거의 이정표에 의지해서 길을 걷는다. 이런 무지한 시골 아낙이 국토순례라니…. 그래도 잘 걷고 있는 내가 가끔은 신통해서 보이지 않는 멀고 또는 가까운 곳에서 나를 응원해주는 분들께 감사의 기도를 드린다.

거창을 향해 힘차게 길을 걷는데 차량 통행이 많은 4차선 도로다. 아뿔싸! 한참 전에 좌측으로 거안로 이정표가 있던데 잘못 걸었구나. 내가 누구인가, 옥식이가 아니던가! 가드레일이 없는 곳에서 숲길을 헤치며 좌측으로 내려간다. 숲 속에 뱀이 있을 수도 있으니 발목까지 오는 방수 등산화가 믿음직하다. 사실 나는 뱀도 그다지 무서워하질 않는다. 뱀이 갑자기 보이면 놀라겠지만 물 담긴 항아리 속에서는 탈출할 수 없는 꽃뱀은 막대기로 탈출시켜주고, 마당에 기어 다니는 뱀은 '저리 가시게' 하며 보내준다. 살아 있는 생명체이니 더불어 살아야 하지 않겠는가!

숲길을 헤치고 내려오니 '못 잊어 사과농장' 팻말이 나온다. 호젓하고 멋진 길이다. 차가 쌩쌩 달리는 길을 계속 걸었으면 어쩔 뻔했는가! 거안로를 걸으며 문득 용감한 옥식이를 떠올려 본다. 황토 집짓기 학교를 다닐 때의 일이다. 남자들도 무섭다고 지붕에 잘 올라가지 않는데 난 지붕에 올라가서 망치질을 해댔다. 황토를 비비고 대나무 외엮어서 쌍벽치기, 나무 홈파기, 구들장 놓기 등 난 막일을 잘 소화해 냈다. 그런 나를 교수님께서는 옥식이라고 부르셨다. 요리하고 집안 오목조목 예쁘게 꾸미는 일보다, 집 바깥에서 톱질하고 망치질하며 삽과 괭이로 밭 일구는 일을 즐겨 하는 나는 여성이라기보다는 남성에 가까운 중성적인 여자다. 그것도 시골에서 산속에 혼자 사는 나에겐 남성적인 것이 많은 도움이 되겠지. 난 그런 여자 옥식이다.

2003년 연말에 땅을 구입하여 2004년 봄에 집을 지었건만 마음에 들지 않는다. 목수에게 환자가 요양할 집이라고 하니 바깥에 세 평짜리 황토방을 만들어 주었지만, 대장이 하나도 없는 나의 임은 밤에도 몇 번씩 화장실을 가야 하니 따뜻하게 된 몸을 오래 유지할 수가 없어 화장실이 없는 작은 방이 너무 불편했다. 마침 부산 K대학 집짓기 학과 모집이 있어 등록하여 집짓기 이론과 실기를 배워서 동창들이 좀 도와주고 우리 부부가 함께 아래채 아홉평 원룸 같은 황토방을 지었다. 설계도는 내가 직접 그렸다. 하루는 지붕에 올라가 일을 하다가 떨어지면서 서까래에 걸려 허벅지에 피멍이 들었었다. 많이 아팠고, 목욕탕에 가면 너무 창피했다. 통유리 밑 벽면 대나무 외엮기를 하기 위해 힘살대 못질할 때는 면적이 너무 좁아서 여간 힘든 일이 아니었지만, 임을 위한 따뜻하고 편리한 황토방을 만들기 위해 최선의 노력을 다한 끝에 지금의 황토방을 완성하여 몇 년간 따뜻하게 지낼 수 있었지만, 지금은 방주인이 멀리 떠나고 없으니, 친구 내외가 와서 지내기도 하고 손님 접대의 별채가 되어 버렸다.

봄은 눈부시게 아름답고 좋은 계절이다. 그러나 여름이 되어 녹음이 우거지고 장마가 시작되면, 제초제를 뿌리지 않는 우리 집 주변은 온갖 잡초의 천국이 된다. 찬바람이 불면 풀이 저절로 죽어 없어질 텐데 하면서, 난 잡초들의 천국에서 그들과 함께 가을을 맞이한다.

마리면 직전 돌산의 모습이 아름다워 휴대폰으로 한 컷 찍어본다. 길가의 개나리꽃이 노오랗게 피어 나를 반긴다. 지금쯤 우리 집은 개나리꽃 속에 파묻혀 있겠지. 복순이랑 강아지들은 잘 지내는지 걱정이 된다.

마리면에서 무주 방향으로 2km, 이 길은 덤프트럭의 통행이 잦아 걷기가 힘들다. 오후 2시 40분 숙소 도착. 모텔 여사장이 여자 혼자 국토순례하는 것은 처음 본다고 한다. 거창에 사는 친구 라희가 찾아와서 시내에 나가 낙지해물짬뽕을 먹고 숙소로 돌아와, 한참 동안 이야기

시 골 아 낙, 추 억 을 업 고 걷 다

꽃을 피웠다. '라희야, 고마워.'

완주를 하고 난 후 거창 가는 길에 길동무가 통일 전망대에 도착하면 소식 전해 달라고 전화번호를 주었기에 소식을 전할까 말까 망설이다가 소식을 전하였다. 내 전화번호도 자연히 그쪽에 찍히게 되었다. 그 후 아무런 생각 없이 잊고 집안일에 바쁜 어느 날 그 길동무로부터 참 황당한 문자 한 통이 날아왔다. '가정 불화의 원인이 되니 나의 전화번호를 지워주시오.'라는 것이었다. 순간 뭐 이런 사람도 다 있냐? 기분이 무척 나빴다. 나는 속으로 '여보시오, B군. 우리가 언제 친구라도 되었던가요? 내겐 나의 임 외엔 그 누구도 들어올 자리가 없다오. 꿈 깨시고, 자네 부인더러 염려 붙들어 매라고 하게나. 정말 기분이 안 좋군요.' 하며 마음을 다스린다. 아들에게 기분 상한 이야길 했더니 어머니 그 사람 인격이 그런 사람일 테니 참으라고 한다.

**점심** 안의갈비탕 21,000원
**저녁** 낙지해물짬뽕 친구 라희 계산
**숙소** 거창 리버사이드모텔
　　　 30,000원
**걸은 거리** 30.2㎞

▲ 점심 갈비탕
◀ 저녁 낙지해물짬뽕

# 너를 안고 업고 걸었노라

거창 마리면 → 상율마을 → 고제면 → 1089번 도로 → 소사마을 → 전북진입 → 무풍면

**아침 7시 40분 출발이다.** 밤새 비가 내려 깨끗해진 길 위로 트럭조차 다니지 않아, 오늘은 상쾌하고 멋진 길을 걷는다. 풍계마을에 모텔이 하나 더 있었건만, 요양병원으로 바뀌었고 상율마을 앞에 있는 '금원산 참숯가마' 이곳을 속소로 하면 좋겠다는 생각이 든다. 리버사이드모텔에서 걸어서 한 시간 거리이며 식사도 가능하다.

* 참숯가마: 055-943-9199

고제면 초입 주상면에 세워진 장승 모습이 특이하다. 숨은 보물찾기 백암바위 표시도 정겹고 고제면의 표지석과 돌탑도 멋지다.

오늘도 점심을 못 먹으면 어쩌나 하는 마음에 신토불이 식당에서 이른 점심으로 청국장을 주문해본다. 음식이 깔끔하고 맛나며 주인이 직접 발효시킨 청국장이란다. 나의 배낭을 보고 젊은 내외가 밥상 앞까지 와서 "혼자 걸으세요?" 하고 말을 건네 온다.

"아니요, 혼자는요?" 하였더니, 남자분이 "아, 힘들면 누가 업고 걸어주시는가 봐요." 한다. 아마도 배낭 뒤에 있는 나의 임의 모습을 보고 하는 말인 것 같다. 나는 이 길을 걸으면서 누가 물어 와도 절대로 혼자 걷지 않는다고 말한다.

**이야기 한 토막**

누군가가 모래사장을 걸을 때, 그가 평화롭고 행복하게 걸으면 두 사람 발자국이 찍히다가 삶에 지쳐 허덕일 때는 한 사람 발자국만 찍혀 그는 누군가를 원망하며 왜 내가 힘들 때는 함께해주지 않느냐고 했더니, '얘야, 나는 너가 힘들 때 너를 안고 걸었노라. 너를 업고 걸었노라'라고 하셨단다.


내가 지치고 힘들 때면 나의 임이 나를 업고 걸어주리라.

나의 임은 주위 아우들이 아내에게 조금이라고 소홀히 대하는 모습을 보면 아끼고 사랑하라고 늘 야단을 치곤했다. 얼마나 소중한 사람인데 화나게 하느냐고 하면서, 만약 아내가 속상해서 병들어 죽으면 어찌 살려고 그러느냐. 늘 내가 좋아하는 말만 하셨던 나의 임. 낚시도 줄이고 성당에 열심히 나가기 시작하더니 어느 날 친구들 모임에서, "내가 왜 성당에 가는 줄 아냐? 난 죽어서도 우리 집사람과 같은 곳에 있고 싶어서 성당 간다."라고 하였지.


1974년 신혼 초, 훈련을 나가 집에 들어오지 못했던 다음 날 내가 애태웠을까 봐, "우리 돈 생기면 전화부터 사자."고 하셨지. 한 달간 교육을 갔다 왔을 때는 보고 싶어서 중간에 나와 버리고 싶었노라고, 군인이 중간에 나오면 어떻게 되는지 알기에 상당히 도수가 높은 멘트였다.

1975, 1976년 학군단 교관 시절에도 병영훈련을 갈 때는 사단장님 허락을 받아 우리 부부는 원주와 안동을 갔었지. 늘 함께하던 우리, 너무 심한 닭살 부부였을까? 잠잘 때도 언제나 팔베

개로 잠을 청했지. 많은 이들이 너희 둘 너무 사랑해서 남들보다 조금 일찍 헤어졌노라고, 남들이 못한 사랑 나누었으니 아쉬워 말라 하신다. 모르시는 말씀! 사랑한 만큼 그립고, 보고 싶다오.

주인이 직접 발효시켜 만든 청국장을 맛나게 먹고 나니 내가 먹은 점심 밥값을 앞자리에 따라온 부인이 계산하고는 '카카오스토리' 친구가 되어 나의 여정을 보고 싶다 하여 그렇게 하자고 했다. 비는 자주 오건만 개울에는 물이 모자라 맹꽁이 알이 드러나 있다. 물 없으면 죽을지도 모르는데 안타깝다.

'행복지수 100%. 바람도 머물고 싶은 곳 소사마을' 소사마을은 거창 맨 끝자락에 있는 마을이다.

오후 4시에 전북으로 진입하니 장독이 쭉 나열되어 있는 '바람과 여울' 한옥 펜션이 있다. 전통체험장인 것 같다. **★바람과 여울:** 010-8583-6075

걷는 모습을 보고 간 라희가 내 모습이 안쓰러웠던지 잘 걷고 있냐고 계속 전화를 해 오고 부산에 있는 친구들은 오후만 되면 밥은 먹었느냐? 숙소는 찾을 수 있느냐? 하고 전화를 해 댄다. 무풍 사거리를 지나면서 숙소는 있을까? 불안해지기 시작한다. 금요일이고 퇴근 시간이 지났는데, 면사무소 직원이 없으면 어쩌지? 명환이 친구의 전화다. "지금 걷기 바쁘니까, 숙소 정해지면 전화할게." 나의 가쁜 숨소리를 듣고서 전화를 끊는다.

오후 6시 30분 면사무소 직원들이 아직 근무 중이다. 무풍면 사무소 계장님께서 나에게 율무차 한 잔을 건네며, 전화로 이곳 저곳 숙소를 찾으시고는 승용차로 숙소까지 데려다주면서 바빠서 저녁 식사 대접을 못해드려 죄송하다는 말까지 남긴다. 이렇게 고마울 수가! 난 그저 감사하다는 인사만 연신 해댄다.

민박집은 1층이 식당 5층이 숙소이다. 식당 바닥에 두 다리를 쭉 뻗고 쉬어본다.

점심 청국장

**점심**  고제면 신토불이 식당 청국장
고제면 이미자씨가 계산
**저녁**  신라가든 민박집 정식 6,000원
**숙소**  신라가든 민박집 30,000원
\* 신라가든 민박: 063-324-1055
010-3823-0084    010-3521-9408
**걸은 거리**  33.7㎞

시골 아낙, 추억을 업고 걷다

# 무주구천동의 추억

무풍면 → 30번 국도 → 라제통문 → 설천면 → 반딧불랜드 → 용화면 → 조동산촌마을

밤새 바람이 세차게 불었다. 창문이 덜컹덜컹 흔들려 으스스하고 불안한 밤을 지냈다. 아침 7시 민박집을 나선다. 숙소 아래층 식당으로 가니 여주인이 주먹밥을 건네주면서 '무슨 사연으로 이 길을 혼자 걷느냐'고. '등에 계신 분이 돌아가셨느냐'고 물어 온다. 고맙다는 인사만 하고 길을 걸으며 '돌아가셨느냐?'라는 말을 되뇌어 본다. 스산한 날씨에 마음에 더 세찬 바람이 들어오며 눈가에 이슬이 맺힌다. 나의 임은 정녕 나를 두고 본향으로 가셨을까?

숙소에서 무풍면사무소까지 도보로 30분 걷는다. 면소재지에 약국과 식당이 있고 무주 진행방향으로 10분 거리에 복민박집이 있다. **복민박집: 010-7774-9211**

무풍면 끝자락 멋진 정자에 앉아 주먹밥으로, 아침을 먹는다. 어제는 더워서 옷을 벗었는데 오늘은 몹시 춥다. 무주구천동! 무주구천동이다.

나의 아들은 다섯 살 때부터 애 늙은이라는 말을 들으면서 자랐다. 아빠, 엄마라고 부르지 않고 아버지, 어머니로 불렀으며 감수성이 예민하고 고집이 센 아이였다. 조그마한 아이가 바닷가를 거닐 때면 하늘의 구름이 아름답다고 이야기하곤 했다.

"어머니, 하늘의 구름이 너무 아름답지요?" 하기도 하고 "어머니, 난 죽고 싶어요."라고 했을 때는 가슴이 철렁 내려앉았다.

"뭐? 어떻게 죽을 건데?" 하고 물으면 "산에 가서 앉아 있으면 무서운 짐승이 와서 나를 물어가게 하면 되지요" 한다.

"이 녀석이 정말!" 하며 일어서니 여섯 살 먹은 아이가 산을 향해 마구 달린다. 깜짝 놀라 데려 와서, "왜? 죽고 싶냐"고, 물어보니 "몰라요, 그냥 죽고 싶어요" 이러는 것이 아닌가.

태어나서부터 줄곧 사랑으로 키운 녀석인데 태교가 잘못되었음을 느끼며 많이 미안했다. 아이가 배 속에 있을 때 나의 몸과 마음은 너무 아팠으니까. 시어머님의 언어폭력이 무척 심해서 멀리 친구 집에 피신을 가 있기도 했었지.

무주구천동 추억

무주를 향해 이 길을 걸으니 아들이 초등 5학년 때 했던 말이 생각난다. 지인들과 무주구천동에서 여름 캠프를 2박 3일 즐겁게 지내고 집으로 가던 차 안에서 아들이 아버지께 물었다.

"아버지와 어머니는 돌아가시면 어떻게 해 드릴까요?""

아버지가 말했다. "화장하여 뿌려다오."

"예. 그러면 아버지 어머니는 여행을 좋아하시니 무주구천동에 뿌려드릴게요."

어린아이가 어찌 그런 말을 했으며 어찌하여 그런 대화를 나눌 수 있었을까? 아들은 그때 무주구천동 경치가 꽤 좋았던 모양이다.

말찌나 형님이 어디쯤 가고 있느냐고 전화가 왔다. 아들이 했던 이야기를 생각하며 무주를 걷고 있노라고 통화를 한다.

나의 임은 지금 무주구천동이 아니라 해파랑길 2코스 푸른 바다가 한눈에 내려다보이고 일출이 아름다운 숲속 수목장에 누워있다. 나의 임은 나보다 조금 더 높은 곳에서 있으며 내 마음 속 깊은 곳을 차지하고 늘 나와 함께 있다는 걸 알면서도 이 길을 걷기 전 해파랑길 2코스를 걸을 때 나의 임 계신, 그곳에 들러 추억 여행을 시작해 볼까 하노라고, 함께 가자는 대화를 나누었었지.

오늘은 많은 사람들의 전화를 받으며 걷는다. 말찌나 형님, 데레사 형님, 젬마 형님, 마태아, 서울 친구, 거창 친구, 부산 친구, 혼자 걷고 있는 내가 걱정스러운지 늘 전화로 나의 안부를 물어온다. 하루 종일 걷고 있는 지금은 카톡이나 문자보다 걸으면서 통화하는 것이 제일 편하고 무료함도 달래준다. 숙소를 정할 때쯤이면 언제나 서울 친구는 전화를 해서 오늘은 몇 km 걸었느냐? 아픈 데는 없느냐? 얼마를 걸었고 아픈 데 없다고 말하면 '독한 눈!' 하면서 웃음 담은 말을 건네 온다.

◀ 라제통
▼ 반딧불란

시 골 아 낙, 추 억 을 업 고 걷 다

고모인 나보다 고모부를 더 좋아하던 장조카 내외가 나의 추억 여행을 응원하기 위해 오겠다는 전화.

"고모님, 뭐 필요한 것 없으세요?"

"육포랑 화장품 샘플, 양갱 몇 개 부탁할게."

단백질 섭취를 위해 육포를 어디서 구입할까 고민하고 있었는데, 질부가 사온다 하니 먹기도 전에 기운이 난다.

설천 방향 라제통문을 지나 점심 먹을 곳이 없을까 봐 10시 40분 설천면 소재지 찜집에서 백반을 한 그릇 먹고 반딧불랜드에 들러 본다. 곤충들의 모형이 곳곳에 멋을 부리고 있고 바람개비와 분수가 멋진 조화를 이루고 있다. 아이들 데리고 놀러 오기엔 참 좋은 곳인 것 같다. 반딧불랜드에서 우측 용화로로 가야하는데 직진하여 100m 정도 올라가 버렸다.

충북 진입 이정표 ▶

원청마을에 '설천도원식당'이라는 청국장집이 있다. 이곳에 12시 20분 도착했으니 점심 먹기에 딱이다. 갔던 길로 100m 되돌아가서 49번국도 용화를 향해 걷는다. 12시 40분 충북 진입이다.

표고버섯을 심느라고 많은 분들이 분주히 일을 하고 계신다. 우리 집 뒷산에도 나의 임께서 참나무에 표고버섯을 심었지. 임이 떠난 3년 후까지 표고버섯은 탐스럽게 자랐건만! 2008년 12월 22일, 평소 나의 임이 즐겨 듣고 부르던 노래 장사익 씨의 공연을 창원 아트홀에서 보았지. 삼식이, 찔레꽃, 임은 먼곳에, 하늘 가는 길 등을 들으며 어깨를 들썩이며 발로 박자를 맞추어 가며 즐기던 나의 임이었는데, 그로부터 1년 후 12월 24일, 나의 임은 하늘나라로 가셨구려! 장사익 씨의 '하늘 가는 길' 노래 들으며 가셨나요? 내가 그때 귓전에 들려주었던 '친구, 내 친구 편히 가시게, 하는 노랫소리 들으며 하늘나라 가셨나요? 보고 싶은 내 임아!'

그곳에서도 뒷산 표고버섯 잘 자라게 힘쓰셨나요? 너무도 예쁘게 표고버섯이 자라서 춘천 정인 씨가 카메라에 담아 갔었는데 내겐 그 사진이 없구려.

오후 2시 50분 조동 산촌마을에 도착하니 비가 주룩주룩 내리기 시작한다. 이곳에는 식사와 민박이 가능한 곳이 세 군데 있다. '행복한 펜션'에 숙소를 정한다. 해미 아범과 어멈이 온다고

했는데 이 비에 힘들겠구나, 생각하며 방에 보일러를 틀고 빨래
를 하여 방바닥 가득 펼쳐 널어 두고 쉬어본다.

조동 산촌마을

**아침** 주먹밥
**점심** 설천면 정식 6,000원
**저녁** 조카들과 갈비찜
**숙소** 행복한 펜션 50,000원
(010-9607-3345 / 043-745-3344)
**걸은 거리** 22.9㎞

# 도마령 고개의 맹꽁이

조동 산촌마을 → 도마령 → 둔전마을 → 상도대리 → 상촌면 → 영동 황간면

어젯밤 짙은 어둠과 세찬 빗속을 달려 사랑하는 조카 해미 아범과 어멈이 나를 응원하기 위해 거제에서 민주지산 자락의 조동 산촌마을까지 찾아와 주었다. 준비해온 갈비찜과 집 밥에 술 한 잔씩 나누었다. 비는 계속해서 추저추적 내렸다. 양말과 옷들을 방안 가득 널어 놓고 있는 나를 질부는 말없이 바라보다가 한마디 건넨다.

"고모님, 왜 이러시는 거여요? 거지 중에 상거지 모습이네요."
라고. 나보다 다섯 살 아래인 장조카와 질부는 세대가 같은 우

리 부부를 많이 좋아했었다. 질부는 고모부를 늘 오빠 같고 형부 같은 분이라고 하면서 좋아했고, 우리 부부도 거제도 조카집을 드나들며 형제애 같은 많은 사랑을 나누었다.

나의 임이 조카가 노후에 집짓기 위해 마련해 둔 가조도 땅의 우물에 돌탑을 쌓아둔 것은 지금도 튼튼히 우물을 잘 지탱해주고 있다. 가끔 그곳에 들리면 우물가에서 그의 손길을 느끼면서 나의 임을 더욱 그리워하게 된다.

육포가 필요하다고 했더니 육포에 양갱, 홍삼 엑기스, 초콜릿, 화장품, 판초 우비 등 조금 돌려보냈어도 질부의 성화에 배낭은 더 무거워졌다.

아침 일찍 일어나 아침식사를 마련해주기에 맛나게 먹고, 아직 마르지 않은 양말을 배낭 양옆에 주렁주렁 매달고, 부슬부슬 내리는 비를 맞으며 애처롭게 쳐다보는 조카들의 눈길을 뒷통수로 느끼며 길을 나선다. 조카와 질부의 눈에 이슬이 맺힌다. 나도 눈물이 날 것 같아 얼른 그들을 외면하고 걸음을 재촉한다.

아침 7시 30분, 구불구불 도마령 고

갯길을 오르는데 비가 와서 그런지 짝짓기하는 맹꽁이들이 도로 밖으로 많이 나와 있기에 손으로 집어 숲 속에 가만히 내려놓아 주며 '얘들아, 이곳은 위험해. 많이 많이 번성시키고 잘 자라시게.' 맹꽁이들과 대화를 나누며 걷는다. 오래전 스님들께서는 길을 걸으실 때 발자국에 개미가 밟혀 죽을까 봐 염려스러워 지팡이로 땅을 통통 치면서 걸었다고 하지 않던가! 이 길을 걸으면서 압사당한 많은 생명체들을 보았다. 어쩔 수 없지 않은가! 땅위의 조그마한 생명체들은 길을 걸어야 겨우 볼 수 있다. 하지만 운전하시는 기사님들이 그들을 잘 살펴보고 알아서 피해갈 수는 없으리라.

해남에서 이곳까지 걸어오면서 길 위에 버려진 수많은 쇠못들을 길 밖으로 내던지면서 걷는다. 웬 못들이 도로에 그렇게도 많이 떨어져 있는 걸까? 나는 이번 여행을 하면서 쓰레기는 한 개도 아무 곳에나 버리지 않고 모아서 가지고 다니다가 숙소의 쓰레기통에 버린다. 지난번 미황사에서 하루 지내면서 '흔적 없애기'라는 글이 가슴에 와 닿았기 때문이다. 숙소에서 혹은 버스 정류소에서 어디에서나 내가 머물렀던 자리에 흔적이 남아 있나 없나 살피면서 길을 걸은 탓에 잃어버린 물건 하나 없이 잘 걷고 있는 것 같다. 비가 와서 어디 앉아 쉴 곳도 없고 가파른 길을 오르고 또 오른다. 간간이 차량이 지날 뿐 걷는 이는 나 혼자이다. 상큼한 공기를 들이키기 위해 심호흡을 해가며 오르니 드디어 도

시 골 아 낙,  추 억 을  업 고  걷 다

마령이다! 해발 800m 도마령을 힘겹게 넘는다.

9시 25분 둔전마을 버스 정류소에 와서야 겨우 한 번 앉아 쉬어 본다.

조용한 시골길을 걷는다. 4월이건만 이곳의 봄은 천천히 오고 있는 것 같다. 상도내리 선화마을 앞에서 조카들과 만난다. 황간까지 갔다 왔다는 조카들이 개울가에 승용차를 세워두고 그곳에서 점심을 마련해서 먹는다. 도마령을 오르내리며 많이 지친 나의 모습이 안쓰러웠던지 조카가 "고모님, 차 속에 들어가서 편히 앉아 드세요." 한다.

차 속에서 점심을 먹는 나의 모습이 퀭하다.

조카들의 따뜻한 마음이 4월의 봄추위를 날려 버린다. 질부 외순이가 날 꼬옥 끌어안으며 "고모님, 길 잘 걸으세요." 하며 주머니에 봉투 하나를 찔러 넣어준다.

"힘드시면 언제든지 전화하세요. 모시러 갈게요."

"고마워, 외순아!"

두 사람의 눈에 이슬이 맺힌다.

　

상촌면 소재지는 꽤 크다. 우체국, 농협 마트, 다수의 식당 등이 있어 점심식사가 가능한 곳이다. '생명의 쉼터' '태고의 신비' 상촌마을의 장승 모습이 정겹다. 칠갑산 장곡사 입구의 장승들이 생각난다.

1999년, 장곡사 입구

시 골 아 낙, 추 억 을 업 고 걷 다

1999년 5월 어느 봄날이었다. 태안의 간월암에 우리 부부가 갔을 때이다. 무학대사가 공부하던 암자를 보고 칠갑산 장곡사 입구로 들어가니 수없이 줄지어 늘어서 우리를 반겨주었던 장승 장승들. 그땐 5월의 푸르름처럼 우리도 풋풋하고 푸르렀었는데 그때 내 임의 푸르고 환한 미소가 새삼 그리워진다.

황간읍 초입은 KTX 철로, 고속도로, 지방도가 함께 있어서 너무 시끄러워 정신을 못 차릴 지경이다. 여태껏 조용한 길로만 걷던 나로서는 혼란스럽기까지 하다.

오후 5시 40분 황간에 도착한다. 백두산 식당에서 저녁을 먹고 식당 여사장님께서 추천해주시는 비취파크모텔에 투숙한다.

**아침** 질부가 마련해줌
**점심** 질부가 마련해줌
**저녁** 백두산 식당 정식 6,000원
**숙소** 비취파크모텔 30,000원
**걸은 거리** 24.5㎞

4월 6일 월요일

**16일째**

# 선크림

**황간면 → 경북 수봉재 → 모동면 → 금강. 낙동강 분수령 → 내서면**

 간밤에 숙소에서 배낭 정리를 하였다. 옷도 필요 이상으로 많아서 몇 벌 간추리고, 질부가 가져다 준 선크림과 바셀린 크림을 꺼내어 택배로 집으로 보내려고 한다. 아침 6시 30분 숙소에서 나와 백두산 식당에서 아침을 먹는다. 이른 시간에 산에 일하러 가는 분들이 아침 식사를 하고 계신다. 식당 여사장님께서,

 "혼자서 길을 어떻게 걸으세요? 대단하시네요." 하며

 짐을 들어주면서 택배를 대신 보내주겠다고 한다. 너무나 고맙고 감사하다. 길을 걸으면서 우체국을 만나기는 꽤 어렵다. 고맙

148

시 골 아 낙, 추 억 을 업 고 걷 다

고 감사한 마음 가득 안고

가벼운 발걸음으로 또 출발한다. 오전 7시 10분 상주 방향으로 49번 국도를 우산을 폈다 접었다를 반복하며 걷는다. 길을 걷는 도중에 산책하는 분을 만난다. 그분은 서울에 살다가 몇 년 전에 황간에 이사를 왔다는 아저씨, 매일 이 길을 산책한다면서 잠시나마 길동무가 되어 준다.

길가에 할미꽃이 수줍은 듯 고개를 내밀고 있다. 수봉재 쉼터를 개나리꽃이 노랗게 물들여 놓았다. 봄이 남쪽으로부터 힘차게 올라오고 있음을 느낀다.

경북으로 진입하여 수봉재 쉼터에 앉아 길동무 아저씨와 간식을 나눠 먹는다. 이후 아저씨는 황간으로 가고, 나는 추적추적 내리는 빗길을 나 홀로 걷는다. 모동면 버스 정류소에 다다라, 본당 신부님께 카톡으로 사진과 걸은 거리 등 일주일 동안의 일정을 보고 드린다. 신부님께서는 부활 때 우리 반원들과 나의 이야기를 나누었노라고 하시며 힘내라고 용기를 주신다.

옛날 손짜장 집에서 우측으로 조용한 강둑길로 들어선다. 큰어머님께서 젊은 시절 황토벽돌로 교회를 지으셨다던 모동교회를 카메라에 담으며 힘들게 살아오신 큰 어머님을 떠올려본다. 너무 곱고 점잖으신 분, 찾아뵙지 못해 죄송한 마음으로 멀리서나마 '어머님 늘 건강하셔요.' 인사를 드린다.

오늘도 점심시간에 맞추어 밥 먹을 곳이 없다. 이런 날은 용케도 아들이 몸은 어떠하며, 밥은 먹고 걷느냐고 전화로 물어온다.

"어머니, 어디쯤이세요? 식사하셨어요? 어디 아픈 데는 없으세요?"

"밥 잘 먹고 아픈데 없이 잘 걷고 있으니 걱정 마시게." 하고 거짓말을 술술한다.

살가운 아들이 곁에 있어 많은 힘이 된다. '고마워, 아들. 나의 힘, 내 아들아!'

계속해서 날씨가 흐리고 비가 내리니, 날씨에 감사해야 할 것 같다. 난 선머슴아 같은 여자다. 피부 미용에 관심이 없어 선크림도 안 바르고 모자도 안 쓰고 밭일을 했다. 왠지 갑갑해서 다 싫다. 그렇게 밖에서 일을 하노라면 얼굴이 타서 보기 싫어질 텐데, 왜 선크림과 모자를 쓰지 않냐는 둥, 암 환자 수발하느라고 힘들어서 얼굴이 새카맣게 탔다고 자랑하고 싶냐는 둥 나의 임은 짜증을 내곤 했었다. 제발 얼굴 관리 좀 하고 다니라고, 여자가 왜 그러느냐고, 나의 임이 나에게 하는 제일 심한 말은 이런 류의 말이다. 임의 말대로, 난 덜렁이 선머슴아 같은 아낙이다. 내가 없는 자리에서는 교우들이나 친구나 주위 사람들한테 늘 내 걱정만 했다는 나의 임. 자기 때문에 시골 와서 살면서 관절염이 생겨 고생하고 얼굴이 까맣게 탔다고…. 자기는 벌써 저 세상에 있을 텐데 집사람이 잘해줘서 덤으로 살고 있노라고 주위 분들께 말하곤 했단다. 덤으로 사는 인생 건강이 허락된다면, 우리반 어르신들 모시고 성지순례 다니고 싶다던 임이여. 지금은 아픔이 없는 곳에서 훨훨 날아서 여행 잘하고 있나요?

　임이시여! 오늘 난 당신과 함께 걷고 있는 지금 날씨가 흐린데도 선크림을 진하게 바르고 걷는다오. 그러면서 임은 또 내게 늘 말했지. 하느님께 기도할 때 제발 치유시켜달라는 기도는 하지 말고 하루속히 데려가 달라는 기도만 하라고. 어느 누가 그런 기도를 할 수 있단 말인가! 떠나고 나면 제발 고생하지 말고 고급 화장품 쓰고 멋진 옷도 사서 입고 살다 오라고 했다. 나는 예쁘지도, 세련되지도 않아 멋 부릴줄 모르는 선머슴아 같은 아낙이다. 그러나 지금은 선크림 바르는 일 만큼은 임의 말 잘 듣는 착한 아낙이 되었다. 천상에서 나의 임이 매달 보내주는 연금으로 고생하지 않고 지내고 있으니 임이여, 고맙고 늘 사랑합니다.

금강과 낙동강의 분수령이 우뚝 서 있다. 내서면에 도착하니 오후 5시이다. 준범이 외삼촌께서 차로 마중을 나오셨다. 차를

타고 내가 걸어왔던 방향으로 한참을 달려 보은 방향 25번 국도
를 달린다. 이 길은 학생들이 국토 종단할 때 많이 걷는 길이란
다. 오래전에 숙소를 못 구한 젊은 청년을 재워주었는데 그 청년
이 혼자서 산을 오르다가 그만 다쳐서 집으로 데려와 치료를 해
서 집으로 보내주었다는 말씀을 하신다. 참 따뜻한 사람이구나.
그의 인품을 느끼게 한다.

보은 방향으로 한참을 달려 준범이 외가에 도착한다. 준범이
외가에서 하룻밤 신세를 진다. 이곳은 숙소가 없는 곳이라 내서
면에서 버스를 타고 상주 시내로 가서 숙박을 하고 와야 하는 곳
이다. 준범이 외숙모가 반가이 맞아준다. 오랜만에 집 밥과 닭볶
음탕과 나물 반찬과 깔끔한 김치가 지친 나그네의 입맛을 돋우
어 준다. 맛나게 먹고 얼마 전에 돌아가신 애덕 씨 할머니 방에
서 편히 쉬어 본다.

**아침**  백두산 식당 정식 6,000원
**점심**  굶음
**저녁**  준범이 외가
**숙소**  준범이 외가
**택배비**  4,000원
**걸은 거리**  38.3㎞

▲ 아침 백두산 식당 정식
▼ 저녁 준범이 외가

# 복 많은 여인

**내서면 → 외서면 우복종가 → 은척 → 사현삼거리 → 농암**

아침 8시 35분 떠날 준비를 하니까, 준범이 외삼촌이 나의 배낭을 들어주며 "배낭이 꽤 무거운데요. 왜 이런 고생을 사서 하세요? 난 돈을 준다고 해도 못 하겠어요." 한다. 나는 그냥 웃으며 "잘 쉬고 갑니다. 통일 전망대에 가서 전화 드릴게요." 하고 집을 나선다. 준범이 외삼촌의 염려를 뒤로하고 내서면에서 좌측 901번 도로로 나서 우복종가를 향해 길을 걷는다.

내가 집을 떠나올 무렵인 3월 중순경에 우리 집 앞에 꽃망울을 터뜨리려던 백목련이 여기서는 이제사 꽃망울을 터뜨리려 하

고 있다. 탐스럽고 예쁘다. 길가에 할미
꽃들도 즐비하게 늘어서서 익어가는 봄
을 노래하고 있는 듯하다.

오랜만에 붉은 해가 산 위에서 고개를
쑤욱 내민다. 반가운 햇살이다.

지난날 우리 부부가 동해로 낚시를 다
니던 중에 보았던 일출 장면이 떠오른
다. 수면 위에 금쟁반을 받쳐 놓은 듯 떠
밀려 올라오며 찬연히 빛을 발하던 그
일출의 장면을 지금도 잊을 수가 없다. 우리는 바닷가에 나란히
앉아 기도하는 마음으로 일출을 감상했었지. 그때 나의 임은 어
떤 기분이었을까? 새삼 그것이 궁금해진다.

또 어느 해 연말 우리 부부는 경북 영덕으로 낚시를 갔다. 양
어장 물이 흘러내리고 바윗돌이 우뚝 솟은 곳에서 팔이 아픈 줄
도 모르고 감성돔을 수없이 낚아 올렸다. 그 감성돔으로 회도 쳐
서 먹고, 소금구이 해먹고도 남아 집으로 가지고 와서 한동안
집 반찬을 했다.

정적인 민물낚시에 비해 동적인 바다낚시는 멋진 일출과 신선
한 회의 맛을 선물해줌으로써 즐거움을 더해주었다.

새우 밑밥으로 품을 해주면 물결 위로 펄떡거리며 하이얀 거품

을 일으키며 힘차게 올라오는 학꽁치 낚시는 정말 짜릿했다. 그
회를 맛나게 먹던 임의 모습이 추억되어 떠오른다. 임과 함께 즐
겁고 행복했던 그 날들이여!

우복종가에서 점심을 먹고 가라고 하기
에, 시간을 맞추기 위해 꽃들이 피어있는
아름다운 시골길을 등 뒤의 임과 함께 천
천히 봄을 즐기며 걷는다. 다소곳이 미소
짓는 할미꽃들, 남녘에는 벌써 지고 없을
탐스러운 목련, 맑은 물이 졸졸 흐르는 실
개천이 임을 업고 걷는 나의 발걸음을 가
볍게 해준다.

농암으로 가는 이 길은 차량 통행도 거의 없고 참 걷기 좋은
길이다.

우복 종가에 들르니 큰 개 한 마리가 처음 보는 나를 반가이
마중을 나온다. 며칠 전 복순이가 새끼를 배었다고 동생이 전화
했던데. 우리 집 복순이는 잘 있을까? 조용하고 경치 좋은 곳에
넉넉하게 자리하고 있는 우복종가의 종부께서 계란찜, 생선구이,
각종 나물 반찬에 구운 김까지 차려주니 참으로 맛있는 집 밥을
먹는다.

종가 제사를 모실 때는 식구들이 200명 정도 모인다고 한다.

집 관리하는 일만 해도 힘드실 텐데 그 많은 식구들을 어떻게 다 대접할까? 집안일 할 줄 모르는 나는 걱정이 앞선다.

종부께서 "어찌 이렇게 혼자 먼 길을 걸으세요?" 나의 눈과 시선이 마주치니, "묻지 말아야 하는 걸 물어본 것 같네요." 하며 종부께서 벌써 눈치를 다 채신 것 같았다. 남편을 교통사고로 잃고, 힘드셨던 당신 이야기를 해준다. 지아비를 잃은 아낙의 삶이 무척 어려웠었다고 하시며 사별 기간을 힘겹게 견디어 오셨던 당신 아픔을 말씀해주신다. 나는 아직 사별 기간 속에 머물러 있다.

임을 보낸 후 나의 삶도 사는 게 사는 것이 아닌 삶, 죽지 못해 사는 삶, 살 수밖에 다른 길이 없기에 그저 하루하루를 힘겹게 보냈던 삶이었다. 그러나 이제는 이 길을 걸으면서 사별 기간 속에서 헤쳐 나오고 싶다. 최선의 삶으로 살아가야 한다. 과거의 삶이 아닌 지금 이 순간 가장 소중하고 존귀한 삶으로 살아가야 한다. 나의 아픈 이야기도 조금 들려 드리고, 감사의 인사를 하고 마른 갈대 사이사이 연초록의 잎사귀들이 봄의 신선한 향내를 내뿜는 길을 나선 지 20여분쯤 지났을까, 조용히 흐르는 강물 위에 잔잔한 슬픔과 함께 그래도 나는 복 많고 인덕 많은 여인이라는 생각이 든다. 난 참으로 긍정적인 아낙인가 보다.

나는 참 복 많고 인덕 있는 여인이다. 우리 집의 막내로 태어나 나는 늦게까지 엄마 젖을 먹고 자랐다고 한다. 오빠 셋에 언니

둘, 큰 오빠는 나와 20년 차이가 나니 가끔 학교에 찾아오면 친구들이 아버지 오셨다고 했었지. 부모님 사랑뿐 아니라 사촌 오빠들도 나를 무척 사랑해주셨으며 친오빠. 친언니의 사랑을 한 없이 받고 자랐으며 결혼해서는 남편의 사랑 넘치도록 받으면서 살았으니 복 많은 여인이리라.

나의 이웃은 또 얼마나 좋은가. 내가 집을 비우고 없어도 개에게 사료를 먹여주며 집을 든든히 지켜주는 어여쁜 동생과 제부 조카가 있고, 늘 어떻게 지내느냐고 관심 가져주는 이웃사촌들이 많다. 그들에게 늘 감사하며 산다.

지난 가을 어느 금요일 오후 나는 기도방 컴퓨터에 앉아 유튜브로 김광석의 노래 '어느 60대 노부부의 이야기'를 임 생각하며 듣고 있었다. 그때 보일러실에서 불이 났다. 내가 그 시간 그곳에서 그 노래를 듣고 있지 않았더라면 집은 아마 전소되고 말았을 것이다. 119에 전화를 해 두고는 수돗물로 스스로 불을 끄고 나니, 시골이건만 신고 후 9분 만에 소방차가 빨리 와주었고 경찰차도 오고 면직원도 와서 어떠시냐고 걱정을 해주고, 아랫집 제부는 청승스럽게 집에 있지 말고 자기네 집으로 와서 밥 먹고 잠도 자라고 해주었지. 고마운 나의 이웃들! 금요일이면 집에 오는 아들이 못 온다는 날에 불이 나서 다행이었다.

오래전 부산 살 때도 우리 아파트에 불이 난 일이 있었다. 아파트 1층 보세공장에서 난 불은 공장의 옷가지들을 태우며 기세

좋게 타올라갔다.

아들은 내 책가방, 내 책 하면서 발을 동동 구르고 나는 하얀 성모상이 까맣게 될까 봐, 성모님 모시고 나오려고 하였다. 나의 임은 "이 사람아, 이때 현관문을 열면 베란다의 불길이 집안으로 들어와서 위험하다네. 절대 문 열면 안 돼." 하고는 아파트 복도의 전기 부스를 내리며 집 안에 혹시 사람이 있는지 확인하며 뛰어다녔지. 임이여, 시골집 보일러실 불타는 것 보고 내게 말해주었지요. '투욱 투욱.' 벽 두드리는 소리로 고마워, 내 임이여!

그때의 석고 성모님은 지금도 기도 방에서 늘 기도하고 계신다.

길에서 만난 이들은 또 어떠한가. 지리산 둘레길 공원민박집, 고제면 이미자 씨, 주천면 귀농 회장님, 백두산 식당 사장님, 무풍면 계장님, 준범이네 외가, 우복종가 종부님, 3일간 유숙할 수 있었던 사찰도 있고, 난 언제 어디서나 인덕이 많다고 이야기하며 사니 자꾸만 인덕을 더 많이 받는 것 같다.


은척면 소재지에 중국집이 있고 '신령스런 성주봉' 장승을 지나 사현삼거리 차가 거의 다니지 않고 한적한 길을 걸어 농암사거리 농암모텔에 오후 5시 10분에 도착한다. 모텔 여사장이 방 안까지 들어와서 길 걷는 나의 이야기를 듣고 싶어 한다. 자기 친구가 모텔 건물에서 식당을 한다기에 그곳에서 만나 많은 이야기 나누면서 저녁을 먹는다. 자기들도 너무 여행을 다니고 싶은데 남편들 때문에 긴 여행은 어렵다는 이야기를 한다. 깔끔하고 따뜻한 숙소에서 충분히 휴식을 취해본다.

저녁 곰탕

**아침** 준범이 외가
**점심** 우복 종가
**저녁** 솔밭가든 곰탕 6,000원
**숙소** 농암모텔 30,000원
**걸은 거리** 27.1km

# 자가당착-自家撞着

농암면 → 가은읍 → 나실마을 → 구랑리 → 마성면 → 문경온천

봄비를 우산으로 받으며 아침 8시 10분 고마운 마음을 가득 안고 길을 나선다. 농암모텔 여사장과 솔밭가든 곰탕집 여사장은 절친이다. 그네들은 남편이 있으니 임 없는 나더러 "한 달 동안 여행 보내주는 멋진 남편을 두신 언니 부러워요." 한다. 남의 속도 모르고, 나 원 참! 자기네들도 국토 순례 여행을 해보고 싶다고 한다. 그러면서 이곳의 솔밭식당의 여사장이 "언니, 힘내서 잘 걸으세요. 너무 부러워요" 하면서 '밥은 남기더라도 국은 다 먹고 가라'며, 찹쌀 옹심이를 잔뜩 넣고 북어 미역국을 끓여준다. 나는 밥과 국을 다 먹어 치우고, 따로

마련해주는 주먹밥 일곱 개를 받아 챙긴다. 훈훈한 정이 가득 들어간 아침이 참 맛나다.

그렇다, 누구든지 자기 위주로 착각을 하며 사는 것 같다.

난 엄마 나이 마흔두 살에 태어났으니 늘 할머니 같은 엄마였고, 아버지는 내가 일곱 살 때 돌아가셨다. 나의 엄마는 음식 솜씨가 좋고 깔끔하셔서 집안 식구들은 눈을 감고도 먹을 수 있노라고 칭찬이 자자하였으며, 내가 아이를 낳을 때마다 내 곁에서 산후 조리를 해주셨으며 나이가 드셔도 세련되신 분이셨다. 나는 남의 집 음

식은 거의 먹지 않고 엄마가 해주시는 음식만 먹고 자랐다. 아버지께서는 무역업을 하셨으니 넉넉한 집안 살림에 사촌 오빠들까지 공부시키고 결혼시키고 돌봐주셨으며, 또 엄마는 6·25 전쟁 때 배고픈 국군 장교와 군인들에게 주먹밥을 싸주셨다고 들었다. 인정이 많으셨던 우리 엄마! 그런 엄마의 딸인 나도 힘든 이들을 보면 그냥 지나치기가 어려워, 짐도 들어드리고 다정하게 말도 건네 보건만 요즘 세상은 낯선 사람이 너무 다정히 대해주어도 가끔 오해를 받는 일도 생긴다.

어린 시절 나는 친구들이 아버지가 계시고, 엄마가 젊은 게 참 이상했다. 그랬던 내가 이제는 나이 드신 할머니들을 보면 혼자 계실 것만 같은 생각부터 먼저 한다. 어쩌다 대화 중에 할아버지와 함께 계신 것을 알게 되면 너무 부럽다. 나도 임과 함께 늙어가고 싶었는데, 정말 남겨진 이가 되고 싶지 않았는데, 그래서 많이도 매달렸었는데, 날 두고 먼저 떠나지 말아 달라고, 아무리 붙잡아도 어쩔 수가 없었다. 아들과 시누이가 더는 잡고 있지 말고 보내드리라고 했었지. 내가 잡는다고 내 곁에 머물 수만 있다면 더 붙잡고 매달렸을 텐데. 하느님께 가고픈 임의 염원을 무시하고 나는 병원 마당 크리스마스트리가 세워진 곳에 '주님, 임을 살려만 주십사' 하고 소원카드를 매달았다. 그런 임이 아버지 신부님께 종부성사를 받고 싶노라고 하여 신부님께서 오셔서 종부성사를 해주셨지. "신부님, 저 너무 힘들어요, 오늘 하늘나라로 가고 싶어요."라고 말하는 임에게 신부님께서는, "조금 더 기다려. 곧 데리러 오실 거야. 너는 지금 많은 젊은이들이 건강해서 짓고 있는 죄를 대신 보속하고 있단다. 곧 하느님께서 널 데리러 올 테니 그때까지 기다려."라고 하시면서 "나, 오늘 네 곁에서 자고 가고 싶구나." 하셨지. 고맙고 자상하신 신부님!

이제는 기억 저편의 추억과 함께 내 마음 깊은 곳에서 임은 늘 함께하고 있다. 오늘 그 임을 안으며 업으며 뿌옇게 안개 낀 듯한 가은읍의 비 오는 길을 조용히 걷고 있다.

　나실마을의 버섯 모형이 나를 반긴다. 예쁘다. 구랑리에 식당
이 두 개 있고, 조금 더 걸어가니 '두메산골 칼국수집'에서 7080
멋진 음악이 주위에 울러 퍼진다. 송창식의 '왜 불러'를 따라 부
르며 걷는다. 나와 임은 송창식의 노래를 좋아했다. 지난날에는
둘이서 흥겹게 노래했었는데 지금은 나 홀로 흥얼거리고 있다.
아니, 등 뒤의 나의 임도 나와 호흡을 맞추고 있겠지?

　오후 1시 30분 마성면 소재지 '성우가든'
청국장 올갱이국 등을 파는 식당이 있다.
주먹밥 7개가 있으니 웬 식당이 그렇게도
많은지. 식당 정보를 미리 알고 있었다면

주먹밥을 무겁게 지고 다니지 않아도 될 텐데. 나의 무지가 나를 많이 힘들게 한다. 거창 친구 라희의 전화. "어디쯤 가고 있냐?", "문경온천입구 버스 정류소라네.", "많이 갔구나. 차 조심, 사람 조심하며 걸으레이." 한다. "알았네. 오늘은 문경온천에서 쉴 거다. 걱정하지 마라. 나 잘 걸을게. 고마우이, 친구여!"

문경온천에 불가마가 있다고 하여 왔건만 추운 겨울에만 운영하는가보다. 1개월 전부터 영업 안 한다고 한다. 좋은 숙소를 구하기 위해 밥을 먹을 시간도 아니고 먹고 싶지도 않은데 오후 3시 조금 넘어 식당에 들어가서 식사를 시켜 놓고 숙소를 물어본다. 활공을 하신다는 식당 지인이 자기 부부도 꼭 국토순례 여행을 해보고 싶노라고 하면서, 이곳은 관광지이고, 지금은 '징비록' 드라마 촬영하느라고 방송국 사람들이 많이 와 있어서 방이 귀하다며 5만 원 이상 한다고 하시더니 모텔에 전화를 걸어서 여행객 한 사람이니 3만 원에 쉴 수 있게 해 달라는 부탁을 한다. '감사합니다.'

대리석 욕조에 깨끗하고 넓은 방, 따뜻한 물에 피로를 풀고 있자니, 강화도 마니산 우리 부부의 추억 여행이 떠오른다.

서울로 나의 임이 교육 갔을 때의 일이다. 교육 중간 주말에 서울에서 만난 우리는 강화도까지 서울 친구가 차를 태워다주어서 관광을 할 수 있었다. 첫날은 친구랑 광인보 휴게실 박물

1997년, 강화도

관 등 관광을 한 후 친구는 떠났고, 숙소를 찾아갔는데 멋진 차
를 타고 모텔에 가야 좋은 방을 배정받을 수 있는 모양이다. 차
없이 걸어 들어간 우리는 좋은 방을 구할 수 없었다. 얼마나 멋
진 차를 타고 왔느냐에 따라 사람을 평가하는 세상이라니. 한심
하고 기분이 상했다. 우리는 단체 손님을 받는 허름한 모텔 방을
구해 하루 지냈다. 다음 날 마니산 참성단에서는 칠선녀가 흰옷
을 입고 춤을 추며 개천대제를 지내고 있었다. 칠선녀들이 흰 날
개옷을 입고 성스럽게 추는 춤은 좋은 추억이 되었다. 선녀들의
아름다운 모습을 사진에 담고 싶었으나 카메라가 없어 많이 아
쉬웠었지.

해미 어멈으로부터 전화가 온다. '고모님, 지금 어디세요?' '외

순아, 문경온천인데 방이 너무 크고 좋구나, 이곳으로 오면 안되겠냐?' 문경 온천에 있다고 하니 약돌 삼겹살 맛있다며, 사 드시라고 한다. 창밖으로 보니 약돌삼겹살 집이 보인다. 삼겹살에 소주 한잔 나눌 친구가 있으면 좋으련만. 나의 임이여, 우리 한잔 하십시다. '내 술잔 받으소서.' 우리는 저녁식사 때 항상 소주 반병을 나누어 마셨잖아요. 방이 크고 좋으니 혼자인 내가 몹시 왜소하고 임이 더 그리워진다.

주먹밥

아침 솔밭가든 정식

**아침** 농암 솔밭가든 8,000원
**점심** 주먹밥
**저녁** 문경온천 청국장 5,000원
**숙소** 프로포즈모텔 30,000원
**걸은 거리** 23.4㎞

시 골 아 낙, 추 억 을 업 고 걷 다

# 조곡폭포의 물레방아

문경온천 → 진안삼거리 → 1,2,3관문 → 소조령 → 은행정마을 → 대안보마을 → 지릅재 → 미륵산촌 생태마을

주먹밥 2개와 육포로 아침을 먹고 7시 15분 출발한다. 비가 내리지 않아 걷기가 수월하다. 조금 걸으니 버스터미널 가까이에 기사 식당이 보인다. 아침식사 가능할 것 같다. 난 주먹밥으로 아침을 때웠다. 조용하고 고즈넉한 길가에 무형문화재 105호 사기장표지석이 높다랗게 서 있다. 이곳에서 그릇을 만드는구나. 들어가 볼까 망설이다 사진만 한 장 찍고 발걸음을 옮긴다. 십자가상이 우뚝 서 있다. 진안리 성지는 최양업 토마스 신부님을 기리는 안동교구 성지다. 길 걷는 동안 오전엔 묵주기도, 오후에는 화살기도를 하면서 걸어왔지만 미사참례를 못

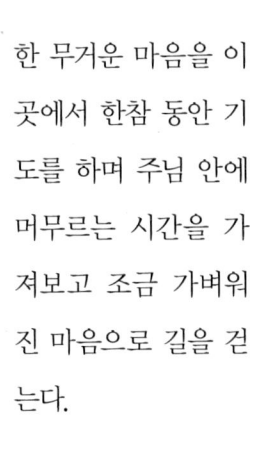

한 무거운 마음을 이 곳에서 한참 동안 기도를 하며 주님 안에 머무르는 시간을 가져보고 조금 가벼워진 마음으로 길을 걷는다.

　문경새재 입구 진안삼거리에 청사초롱모텔과 민박집 식당이 있다. 이곳까지 와서 묵어도 될 것 같다. 지난 가을 친구들과 왔을 때 즐거웠던 문경새재의 길 혼자 걷는 오늘은 많은 생각을 할 수 있어 더 좋게 느껴진다. 선비상 근엄한 모습을 지나 쭈욱 늘어선 솟대 위의 오리 모습과 멋지게 따리 튼 듯한 소나무를 응시하며, 봇짐을 옆에 두고 앉아, 쉬고 있는 나그네상에서 그리운 이의 모습을 만난다.

나그네상

　고등학교 다닐 때 내가 그렸던 남자친구의 초상화와 많이 닮은 모습이다. 그때 나는 친구의 사진을 보고 초상화를 그려 책

시 골 아 낙, 추 억 을 업 고 걷 다

상 앞에 두고 보았었지. 배우지도 않은 것을 꽤 잘 그렸던 것 같다. 제1 관문을 통과해 들어가니, 드라마 '징비록' 촬영을 하느라고 포졸 모습을 한 이들의 사열이 한창이다. 모처럼 맑게 갠 날 하늘은 푸르고 쭉쭉 늘어선 가로수까지 교귀정의 풍광이 멋스럽다.

기도굴, 조용하고 멋진 길이 발걸음을 가볍게 해준다. 소원성취탑, 탑을 배경으로 지나가는 학생에게 부탁해서 사진을 한 장 찍어 본다. 조곡폭포와 물레방아의 물이 너무 맑고 깨끗하다. '맑은 물아, 나도 너처럼 되고 싶구나' 물과 이야기 나누고, 제2 관문을 지나니 낙동강의 발원지 '문경초점'이 세워져 있다. 아, 이곳에서부터 낙동강이 시작되는구나. '시작은 미미하나 그 끝은 창대하리라'는 말씀처럼 낙동강엔 얼마나 많은 물이 흐르는데 이곳에선 물이 보이지 않는다. 물이 땅속에 숨어 있는 모양이다. 이곳저곳 수많은 지류들이 모여서 그 큰 강을 만드리라. 옛날 과거 보러 다니는 이들이 과거 급제를 위해 소원을 빌었다는 돌탑이 있다. 조금 전 소원성취탑은 여성스러운 모습이고, 과거급제탑은 듬직한 남정네의 모습이다. 똑같은 소원성취탑인데도 그 느낌이 다르다.

　제3 관문을 지나니 '백두대간 조령' 돌탑이 '너 지금 백두대간
을 걷고 있단다'라고 말해주는 것 같아서 반갑다. 우측 이화령
방향으로 내리막길을 따라 내려가니 다리가 아파 온다. 아픈 다
리를 절뚝거리며 걸으니 오래전에 나의 임에게 내가 매 맞았던
추억이 떠오른다.

　나는 부모가 아이들을 회초리로 때리는 것을 정말 용납 못한
다. 왜냐하면, 맞는 것은 너무 아프니까. 막내이고 학교에서는 모
범생이었던 나는 정말 매 맞은 기억이 하나도 없다. 그런데 나의

임께 회초리를 맞았다. 아들이 다섯 살 때 게임기가 너무 갖고 싶은 마음에 아버지의 주머니에서 돈을 몇 푼 꺼낸 사건이 발생하였다. 그때 나의 임은 군 장교의 위엄으로, "둘 다 종아리 걷고 서!" 하고는 엄마가 아들 교육을 잘못시켰으니 먼저 맞으라고 하며 나의 종아리를 세차게 때리는 것이 아닌가. 종아리에 피멍이 들었고 너무너무 아팠다. 아들도 맞으며 몹시 아파했다. 멍든 다리를 보는 임의 시선이 흔들렸다. 마음이 많이 아팠으리라. 그래서 누군가가 아이들을 때릴라치면 나는 "니가 먼저 맞아보고 때려라."고 한다.

처음이고 마지막으로 아들과 내가 맞았던 회초리 사건, 사랑의 매를 맞았으니 피멍도 쉽게 풀렸을 테지, 기억이 희미하다.


**새재를 노래한 시**

정영방


조령산 길은 험한데

그대는 어디로 가고자 하는가?

추운 날씨에 나그네가 되니

달이 차면 고향을 바라보네

시구를 읊조리며 길을 걷고 있는 이 나그네는 집이 그립다. 아무도 기다려 주는 이 없는 집이지만 오늘은 왠지 집이 그립고, 나그넷길의 객창감이 밀려온다. 오늘은 또 어디에서 잘 수 있는지. 오후만 되면 숙소가 걱정된다.

소조령 이화령을 지나니 길이 조금 헷갈린다. 물어볼 사람도 없다. 은행정마을 초입에서 새재 자전거 길을 걷는다. '수안보 꿩 요리 유래' 설명하는 곳의 꿩 두 마리가 마주 보고 서 있는 모형이 마치 살아 있는 것처럼 생동감이 넘친다.

대안보마을-송계계곡 표시에서 월악산 자락을 걷는다. 안드레아 형제님께서 주무셨다는 석문동 자연 부락에 왔으나 시간이 너무 일러서 나는 계속 오르막길을 오른다. 카페 '헐' 이국 풍경을 자아낸다. '고운님 민박집'이 있기에 들어가 보니, 아직 계절이 일러서 민박을 안 한다고 한다. 시간도 많이 남았기에 계속 산을 오르는데, 왠지 숙소가 없을 것 같아 불안하다. 산은 깊고 나의 숨소리와 걸음은 빨라진다. 다리가 아픈 것도 잊고 지릅재 해발 540m를 넘어 내리막길을 단숨에 내려와 미륵산촌

생태마을에 오후 5시에 도착한다. 이곳저곳 민박집 표지를 보고 찾아갔지만, 모두 손사래를 친다. 어디서 자야 한다 말인가?

숙소를 찾을 수가 없다. 오래전에는 집집마다 민박을 하였지만, 이제는 손님이 없어서 민박을 하지 않는다고 한다. 시장통에, 걸려 있는 민박집 전화번호로 전화하니 이 집도 역시 민박은 하지 않는다고 한다. 목소리가 고운 아주머니에게 나는 떼를 써 본다.

"사장님, 저 혼자서 길을 걷는데 하룻밤만 재워주세요." 하니, 내 목소리에서 간절함이 전해졌는지, "지금 밭에서 일하고 있는데 늦게 가게로 갈 테니, 울지 말고 옆 가게 할머니한테 가 있어라."라고 하신다. 혼자서 장사하시는 할머니 가게에 들어가서 이런저런 세상 살아가는 이야기 들으면서 기다렸더니, 민박집 주인 내외가 밭에서 돌아오셨다. 그분들의 가게에서 칼국수와 막걸리를 옆집 할머니와 주인 내외와 함께 나누고 민박집으로 오니 출가한 딸의 방이라면서 내어 주며, "요즘 세상이 무서워서 남자 같으면 안 재워 줄 텐데 여자 혼자라서 재워준다." 하시며 따뜻한 잠자리를 마련해주고는 편히 쉬라고 말씀하신다. 친언니같이 고마운 분이다. 여자 혼자 길을 걸으니 좋은 점도 있구나 싶다. '감사합니다.'

**아침** 주먹밥
**저녁** 미륵산촌생태마을 칼국수
      (숙소비 포함)
**숙소** 민박 30,000원
**걸은 거리** 29.2㎞

# 쭉정이와 알곡

미륵자연부락 → 닷돈재 → 상탄지리 → 신현리 → 전곡리 → 수산

민박집 아침 집 밥이 맛있다. 갓 지은 쌀밥에 무청에다 들깻가루를 넣고 끓인 국도 아니고 찌개도 아닌 것이 너무 맛있어 한 그릇 뚝딱 비워낸다. 주먹밥을 내가 직접 만들어 가지고 가라며 참기름이랑 깨소금까지 내어 주신다. 두 분의 정을 가득 안고 길을 나선다.

아침 7시 45분 출발하여 미륵 세계사에 잠깐 들러 연대가 아주 오래된 것 같은 5층 석탑과 미륵불을 만나 보니, 월악산 품에 안겨 있는 미륵불의 자태는 근엄하면서도 조용하다. 위엄이 느껴진다.

제천으로 가기 위해 되돌아 나오니 어제 만난 할머니께서 사탕을 한 봉지 주면서 인정을 베푸신다. 나는 배낭이 무거울 것 같아 끝내 사양했다. 그분의 정을 받지 못해 송구스럽다. 하늘재 민박펜션이 하나 있다.

**＊하늘재 민박펜션: 010-5658-0104**

월악산 능선에 파묻혀 걷는 이 길이 너무 좋다. 눈앞에 펼쳐져 있는 산들이 맑고 푸르른 하늘과 어우러져 웅장함을 마음껏 뽐내고 있고 힘차게 뻗은 소나무와 바위의 모습에서 무어라 표현할 수 없는 아름다움을 느낀다.

닷돈재를 지나 골외골을 걸으면서 궁금해하실 시골 양부모님께 안부 전화를 드린다.

"엄마, 아버지랑 잘 계시지요? 저도 잘 걷고 있어요." 하니까, "아이구, 어디까지 갔노? 안 그래도 걱정되고 궁금해서 전화할라 켔다 앙이가." 하신다

"제 걱정일랑 하지 마세요. 잘 먹고, 잘 자고, 잘 걷고 있어요." 하니까 "아이구, 참 희안하구마. 우째 그래 혼자서 걷노. 안 무섭나? 아무튼 차 조심, 사람 조심 허거라. 알았제?" 하신다. "엄마, 걱정하지 마세요. 건강한 모습으로 돌아갈게요." 하며 전화를 끊는다.

난 정말 인덕이 많은 사람인가 보다. 내 주위 분들의 사랑을 넘치도록 받으면서 늘 생활할 수 있으니 말이다.

양부모님께서는 논농사를 지어서 일 년을 먹고도 남을 식량을 주시고 마늘이며 참깨를 챙겨 주신다. 마을 분들께서도 마늘, 땅콩, 참깨, 고구마, 양파 등을 농사지었다면서 주시니 시장에서 구입할 일이 없다.

시골 농사는 정말 힘들다. 고구마나 땅콩을 심는 일도 힘들지만, 유해동물들로부터 지켜내기가 더 힘들다. 고구마와 땅콩은 심어두면 멧돼지와 외국에서 들어온 큰 쥐같이 생긴 동물(뉴트리아)이 다 파먹어 버리고, 콩과 무, 배추는 노루들이 잎을 따먹어 버린다. 밭둑에 의자를 두고 앉아서 계속 비둘기를 쫓아야 하고 고구마밭에는 원두막을 지어 그곳에 올라가서 멧돼지 오는 것을 감시하기도 해야 하고 밭에 사나운 개를 매어 두기도 하지만 눈

시 골 아 낙, 추 억 을 업 고 걷 다

깜짝할 사이에 그 녀석들은 농작물을 망가뜨리기 일쑤다. 처음 시골에 왔을 때, 밭 주위에 왜 그물망을 해 놓았을까? 집들도 담을 허물고 소통하려고 하는데 이곳은 내 땅이라고 울타리를 쳐둔 것으로 생각했던 적이 있다. 그것이 유해 동물들로부터 농작물을 지키기 위해서 어쩔 수 없이 해 놓은 것인 줄도 모르고 말이다. 그물을 설치해 놓아도 소용이 없다.

농사지으시는 어르신들은 조그맣고 못생긴 것 드시고 올곧고 좋은 것은 자녀들에게 보내신다. 이 크신 사랑을 자녀들은 알랑가 몰라.

나도 처음엔 마늘과 참깨를 심어 보았다가 너무 힘들어서 이제는 심지 않는다. 애써 키운 농작물을 나누어 주시는 양부모님과 내 이웃 모든분들께 감사하는 마음을 잊지 않는다.

1975년도 신혼 초 때의 일이다. 나의 임이 서울 Y대학 학군단 교관 시절 마포 공덕동에서 신혼살림할 때 있었던 일이다. 집주인 내외의 시부모님은 충청도에 계셨는데 철마다 시골에서 농사지은 것을 가지고 오는 것을 보고 나의 임은 '우리도 나중에 시골 살면서 자식들 집에 농사지은 것 가져다주면서 살자.'고 했었지. 임이여, 그렇게 하면서 삽시다. 저 먼 곳에서도 나를 지켜주고 응원해주소서. 나는 각종 무농약 채소 농사지어서 성당 식구들과 호스피스 봉사자들에게 나누어 주면서 살고 있다. 나누어

줄 것이 있다는 것이 얼마나 큰 행복인가! 나누며 사는 삶이야말로 큰 기쁨과 행복을 줄 수 있는 삶이리라.

남녘에는 벌써 벚꽃이 졌을 터, 이곳은 이제 겨우 벚꽃이 꽃망울을 터뜨리려 하고 있다. 기온 차이가 많이 나는구나. 이 좁은 한반도인데도 걸어서 다니니 멀기도 하고 구간구간 기온 차이가 심함을 절감한다.

수줍어하는 벚꽃의 길을 지나니 12시 30분 상탄지리에 '한국인의 밥상 곰비님비' 식당이 있다. 손님들이 많이 있는 걸 보아 맛있는 식당인 것 같다. 나는 민박집에서 만들어 온 주먹밥으로 점심을 먹는다. 제천 청풍 방향으로 길을 걸으면 오티리에 식당이 있고, 오티리에서 또 한참을 걸어 농원모텔에 왔다. 농원모텔 식당은 영업을 안 한단다. 3km를 되돌아 걸어가야 오티리에 식당이 있는데 모텔 사장님께서 컵라면을 하나 줄 테니 먹으라고 하지만 나는 사양했다. 지난날 어린 두 딸아이를 키우면서 쌀이 없어 라면을 먹던 때가 떠올라서 라면은 먹지 않는다.

남은 주먹밥 반 개와 견과류, 육포 등으로 저녁을 때운다. 그때 아들로부터 전화가 온다.

"어머니, 저녁식사 하셨어요?"

"그럼, 먹었지."

"숙소는 괜찮으세요?"

"그래. 좋다."

썰렁하고 칙칙한 숙소에서 아들에게 거짓말을 하고 만다. 이제 슬슬 거짓말 선수가 되어 간다. 이곳에서는 숙소가 여기뿐이니 하루 쉬어갈 수 있는 것만 해도 감사할 따름이다.

**아침** 민박집
**점심** 주먹밥
**저녁** 주먹밥
**숙소** 수산농원모텔 30,000원
**걸은 거리** 33.5km

# 청풍호 꽃비를 맞으며

**수산 → 청풍호 → 성내리 → 금월봉 휴게소 → 제천역**

조용하고 아름다운 아침, 차도 안 다니고 사람
도 없는 시골길을 대용식 한 잔으로 아침을 때우
고, 오늘은 괜찮은 숙소와 식당 만나기를 간절히 바라며 길을
나선다. 어제 저녁 모텔 사장님이 조금 걸어가다 보면 식당이 있
다고 한 것 같은데 마을이 없다. 청풍 단리마을 정류소에서 잠깐
머물러 산들바람과 따스한 햇살과 아침 인사를 나눈다. 어제 송
계계곡 월악산 자락에선 겨우 터트리려고 꽃망울 맺던 벚꽃이 바
로 옆에서 활짝 피어 웃고 있다. 예쁘고 신비롭다.

청풍호 벚꽃축제가 열리고 있나 보다. 축제 마당으로 들어가 본다. 만개한 벚꽃의 향연! 봄꽃의 여왕 벚꽃, 꽃들의 축제가 시작되고 있다.

우린 연인 시절 진해 벚꽃축제에 가보았다. 70년대에 가 보았던 진해 벚꽃축제 기억은 지금 아련하기만 하다. 지금은 진해가 가까운 곳에 살고 있지만 근래에는 가보지 못했다. 요즘은 진해 군항제가 함께 열리며 군악의장 페스티벌, 난타공연 등 각종 예술 문화 행사가 다양하게 펼쳐지며 해군사관학교에 들어가 볼 수도 있다고 한다. 진해 벚꽃축제는 3월 말에서 4월 초 날짜를 정해 두고 열리며, 가끔은 지난번 걷던 길에서 만난 대원사 왕벚꽃축제처럼 벚꽃이 만개하지 않아 아쉬운 축제도 있었다. 나는 사람이 많이 모이는 곳에 가기 싫어 가보지 않았다. 청풍호 벚꽃축제는 70년대 우리가 보았던 벚꽃축제처럼 소박하고 복잡하지 않아 정겹다. 사람들도 그다지 붐비지 않고 조용한 분위기이다.

오늘도 아침 식사를 시원찮게 했으니, 뭐 먹을거리가 없을까 하고 축제장 먹거리 장터에 가보니 육개장, 국밥 등 내가 평소에 즐겨 먹지 않는 메뉴들만 가득하다. 아직은 배가 덜 고픈가 보다. 어묵이라도 사 먹어 볼까 망설이다가 혼자 서서 먹는 것에 익숙하지 않아 발걸음을 돌린다. 도로는 아예 주차장 수준이다. 오랜만에 만나는 화창한 봄날 살랑대는 봄바람에 흩날려 뿌려지는 꽃비를 머리끝에서 발끝까지 맞는다. 쭈욱 늘어선 차 속의 수많은 시선들이 나를 향하고 있다는 것에 불편함을 느끼며 빠르게 발걸음을 재촉한다.

◀ 황매산의 철쭉
▲ 임이 만든 장식장

시 골 아 낙, 추 억 을 업 고 걷 다

오래전 황매산 철쭉꽃들이 만개한 산길을 나의 임과 함께 오르던 추억에 젖어본다. 민물낚시를 하다가 수온이 차서 입질이 없기에, 우리는 꽃들이 부르는 황매산을 찾았지. 축제가 지난 후였으나 많은 관광객들로 황매산은 붐비고 있었다. 철쭉꽃은 한껏 자태를 뽐내며 관광객들을 반기고 있었고, 장승 제작하는 곳 앞에서 목공예에 관심 많은 나의 임은 그곳에 한참을 머무르며 장인의 손놀림을 관찰하였다.

지금 우리 집에 있는 모든 장식장은 나의 임이 손수 만든 장식장들이다. 나는 나의 임을 보듯 장식장들을 보며 작품들과 즉 나의 임과 함께 호흡하며 생활하고 있다. '사랑하는 임이여, 이 화사한 봄날 꽃비를 맞으며 혼자 걷는 나의 지금 이 심정을 아시는지요? 황매산 철쭉꽃 길에서는 임의 미소 띤 얼굴과 눈을 마주 보며 걸었었는데. 지금도 함께 걷고 있는지요?'

내일이 일요일인데 또 이렇게 차가 밀리면 어쩌지 하고 걱정이 된다. 청풍문화재단지에도 벚꽃과 차량과 인파가 넘쳐난다. 사진 몇 컷 찍고 단밤을 한 봉지 사 들고 벤치에 앉아 먹고, 계속 이어지는 차량의 홍수 속을 헤치며 용감하게 걷는다.

오전 11시 35분, 성내리 '장가네 해장국' 집에서 김치찌개를 시켜 먹는다. 혼자서 불고기를 사 먹을 수도 없고 단백질 섭취를 위해 웬만하면 돼지고기가 들어가는 김치찌개를 먹으려고 한다. 음식이 깔끔하다. 젊은 사장님과 종업원이 친절하게 말을 건네

온다.

"혼자 걸으세요?" 그냥 웃고만 있는 나에게 "오늘은 어디서 주무실 예정인가요, 걸으시면 끼니와 잠자리가 걱정이죠?" 내가 "제천역 근처에서 잘라꼬예." 했더니

"네에, 그러시면 제천 입구 굴다리를 지나면 모텔이 있는데 그곳이 조용하고 싸고 좋아요. 그리로 가 보세요." 한다.

"네, 감사합니다. 찾아가 볼게예." 대답하고는 길을 나선다.

금월봉 휴게소 경치가 아주 멋지다. 사진을 찍어본다. 위로 쭈욱 뻗은 돌들과 석문 같은 모양을 보니, 나의 임과 대둔산 태고사 입구 석문을 통과하던 추억이 떠오른다. 금산에 차를 세워 두고 둘이서 걸어 올라가는 내내 염불 소리 들으며 절 입구에 다다르니, 한 사람이 겨우 통과할 수 있는 석문이 우리를 기다고 있었다. 석문을 통과하니 그렇게 크지도 않고 조용하고 아름다운 태고사가 그 모습을 드러낸다. 느낌이 좋은 사찰이었다. 이후 태고사를 다녀온 느낌을 승호 스님께 말씀드렸다.

태고사 앞

"스님, 태고사 정말 좋은 절이데요." 했더니 스님께서 "그곳에서 살고 싶으면 가서 사세요." 하던 말씀도 생각난다.

임과 나는 늘 조용하고 아늑한 곳을 좋아했다. '임이여, 금월봉 경치는 멋지지만 조용한 곳이 아니라 그저 그렇지요.'라며 임께 넋두리를 해본다.

82번 지방도가 너무 복잡하고 삭막하다. 차량 통행이 많아 지치고 힘이 든다. 어쩌다가 호젓한 길을 찾아 걸어 보아도 곧 4차선 도로와 연결되어 버린다. 복잡하면 어떠리. 이런 길도 있고, 저런 길도 있기 마련인 것을. 내일이면 조용한 길이 나를 기다려 주겠지.

오후 5시 제천역 근처 이츠모텔에 도착한다. 식당에서 알려준 그 모텔은 주인이 없어 입구에 앉아 한참을 기다리다, 근처에 있는 모텔로 숙소를 정한다. 아주 깨끗하고 좋다. 제천역 앞, 올갱이 해장국집에서 저녁을 먹는데, 여사장님께서 말을 건넨다.

"무슨 사연으로 국토순례를 하세요?" 물으시며 성호를 긋는 나를 보고 "보속하세요?" 하신다. 보속이라는 말에 나는 "성당에 다니세요?" 하고 물어 보니 "아니요." 하신다.

그런데 보속은 어찌 아실까? 국토순례 누구나 할 수 있는 일이지만 그렇다고 아무나 할 수 있는 일이 아니지 않은가. 이 길고 먼 여행 보속이라면 내가 나의 임을 너무 사랑하고 그리워하는 것에 대한 보속이리라.

나의 임이 소위 임관을 하고 청평 현리 공병대 소대장직에 있을 때, 우리 집에서는 나에게 맞선을 보라고 성화를 부렸다. 큰오빠는 일본에서 사업하는 분한테 시집을 가라느니, 엄마는 안동에 있는 지인 아들과 선을 보라느니, 엄마의 성화에 마지못해 맞선을 한 번 보고, 나는 여행용 가방 하나를 챙겨 가출을 하고 말았다. 그리하여 임을 찾아갔건만, 너무나 함께 있고 싶어 하던 임이었지만, 육군 장교가 소대원들의 기강을 위해 동거는 할 수 없으니 돌아가라고 하여, 나는 그의 의견에 따를 수밖에 없었다. 쓸쓸히 발길을 돌려 춘천 친구 집에 며칠 있다가 집으로 돌아오니 집에서는 더 이상 결혼에 대하여 나를 닦달하지 않았다. 나의 어머니와 형제들은 내가 그의 집으로 시집가는 것을 무척 속상해 하셨다. 가정이 별로 좋지 않다는 것이 면민 모두에게 소문이 나 있었고, 엄마는 사위 될 사람도 마음에 안 들어하셨지만, 우리가 결혼하여 그이가 나에게 잘하는 모습을 보고는 마음을 바꾸셨다.

　　'엄마, 정 많고 자상한 엄마 보고 싶습니다. 그리운 내 어머니, 그때 속상하게 해 드려서 죄송합니다.'

　　'보고 있어도 보고 싶고, 꿈에서라도 보고 싶은 나의 임. 임이여, 이 그리움을 안고 오늘 나랑 함께 꿈길에서 만납시다요.'

| | |
|---|---|
| **점심** | 성내리 장가네 |
| | 해장국 김치찌개 8,000원 |
| **저녁** | 올갱이 해장국 8,000원 |
| **숙소** | 이츠모텔 30,000원 |
| **걸은 거리** | 30.7㎞ |

# 제천 중고차 매매장을 지나며

제천 → 82번 지방도 → 장락역 → 주천면 → 영월 섶다리 → 화석박물관

어제 저녁에 마련해 둔 주먹밥으로 아침을 해결하고 영월을 향해 39번 도로를 아침 7시 10분부터 걷기 시작한다. 어제도 차량의 홍수에 시달렸는데 오늘도 걷는 길이 차량으로 너무 복잡하다. 우리네 인생살이도 복잡하고 힘든 나날이 얼마나 많았던가! 폭풍우 치는 날이 있어야 맑은 날의 찬란한 햇살의 고마움을 더 많이 느낄 수 있듯이 온실 속의 꽃보다 들판 야생화의 향기가 진하듯 야생화처럼 비바람 헤치며 울고 웃으며 살아왔던 지난날의 수많았던 아픈 기억들, 이제는 훌훌 털어서 이 길 위에 다 내려놓으리라. 피할 수 없는

인생길 '운명아, 비켜라 내가간다' 하며 힘차게 헤치며 걸어 왔듯이 남은 삶의 길도 잘 헤쳐 나가리라. 이 복잡한 길을 통과하면 호젓하고 조용한 길을 만날 수 있겠지.

제천 시가지 끝자락에 어마어마하게 큰 중고차 매장에서 수많은 차들이 새 주인을 기다리고 있다. 저 차들은 지난번 주인에게 어떤 차로 기억되고 있을까? 아니면 잊혀 버렸을까? 누군가 이야기했었지, 버림받은 사람보다 잊힌 사람이 제일 불쌍하다고. 그 사람을 기억한다는 것은 사랑한다는 증거. 난 사랑했던 사람과의 그 추억을 더듬어 오늘도 길을 걷는다. 행복하다.

황태영의 시 한 편이 생각난다.

**풀이 받은 상처는 향기가 된다**

황태영

풀의 향기에는 살을 에는 아픔이 있다

상처는 다 아픔과 독기가 되는 줄 안다

그러나 향기가 되는 상처도 있다

상처받은 풀이 내뿜는 향기는 상대를 감동시키고 취하게 한다

향나무는 자기를 찍는 도끼에 향기를 묻혀준다

진짜 향나무와 가짜 향나무의 차이는 도끼에 찍히는 순간에 나타난다

고통과 고난이 닥치면 진짜는 향기를 내뿜지만

시 골 아 낙, 추 억 을 업 고 걷 다

가짜는 비명만 지르고 만다

사람도 마찬가지다

상처의 분노를 향기로 내뿜어야 나도 향기로워질 수 있다

깊은 향, 아름다운 세상은 그렇게 함께 만들어 가는 것이다


내 인생을 돌이켜보면 상처투성이 인생이다. 신혼 때 시어머님으로부터 받은 수많은 언어폭력 상처, 전세금 날린 상처, 배고팠던 시절의 상처, 임의 사업 실패로 말미암은 상처, 딸아이들을 잃었을 때의 상처 등등 수없이 많다. 하지만 시간이 흘러 그 상처들이 조금씩 아물어 갈 무렵에 찾아온 나의 임과 이별의 상처는 이 세상을 다 잃은 것 같았다. 가슴이 찢어지고 심장이 멎을 것 같았던 아픔의 상처를 이제는 호스피스 봉사자로 거듭남으로써 내 임이 붙여주었던 닉네임 '들국화'로 들국화 향기를 뿜으며 살아가려고 노력하고 있다. 남들이 보기에 나에게도 진정 향기가 있을까? 향내가 날까? 나의 향은 어떤 향일까? 앞으로 멋진 깊은 향 뿜으며 아름다운 세상 함께 만들어 갈 것을 다짐하며 추억 여행을 나는 계속한다.

82번 국도 주천 방향으로 막 진입하니 아침식사가 되는 식당이 있다.

'부잣집손두부집'이다. 전화번호: 043-648-7009

이곳에서부터는 호젓한 산길을 걷는다. 차량통행은 적으나 길은 그다지 아름답지는 않다. 걸어서 통과해야 하는 길이니 열심히 걷는다.

오전 11시 25분 '하늘이 내린 살아 숨 쉬는 땅 강원도'라는 팻말을 보며 영월군으로 들어선다. 주천면 소재지 먹자골목의 수림 식당에서 청국장 한 그릇으로 점심을 먹고 주천면사무소를

영월 섶다리

시 골 아 낙, 추 억 을 업 고 걷 다

지나 호젓하고 멋진 길, 산을 굽이굽이 돌며 걸으니 영월 섶다리 모습이 정겹게 맞이해준다. 동네 꼬마 녀석들이 건너고 있어 나도 한 번 걸어볼까 하다가 이내 마음을 접어 버린다. 오늘은 어디쯤에서 내가 하루를 묵을 수 있을지 숙소에 대한 확신이 없으면 오후 시간만 되면 불안하다. 오후 4시 40분 화석 박물관 조금 못 가서 동동주에 파전을 드시던 가족들이 나를 불러 세워 파전 좀 먹고 가라고 하기에 고마운 마음에 덥석 합석을 했더니, 나의 배낭을 보고는 자기네 집에서 자고 가라고 한다. 요즘은 아직 철이 아니어서 민박하는 집이 없다고 하면서…. 오늘도 여자 혼자 걸으니 얻을 수 있는 잠자리다. 남녀가 함께 오거나 남자 혼자는 재워주지 않는다고 한다. 대화가 고향이라고 하는 아저씨는 월남 참전용사였고, 안주인은 아주 소탈하고 인정이 많은 분이다. 옥수수를 심고 힘들어서 동동주를 마시고 계셨다면서 옥수수는 대화 옥수수가 맛이 있고, 삶아서 냉동실에 넣어 두었다가 먹는 것보다 생으로 넣어 두었다가 쪄 먹어야 맛있다고 한다. 우리 집 냉동고에는 삶아서 넣어 둔 옥수수가 아직 있는데 올해는 생으로 보관해야겠다.

　나는 옥수수를 좋아하진 않지만, 나의 임과 아들은 옥수수를 무척 좋아한다. 옥수수를 하모니카 부는 것처럼 맛나게 먹던 임의 모습이 떠오른다.

　주인장이 저녁 국수를 해서 이 사람 저 사람 전화로 불러서 함께 드신다. 참 마음이 넉넉한 분인 것 같다.

숙소가 연탄보일러인데 더운물도 안 나오고 방은 너무 춥다.
이불을 여러 겹 깔고 물티슈로 대충 세수하고서는 오들오들 떨며
잠을 청한다. 이렇다 할지라도 하루 쉴 수 있는 공간을 마련해주
신 주인장에게 감사드린다.

| | |
|---|---|
| **아침** | 주먹밥 |
| **점심** | 주천면 청국장 7,000원 |
| **저녁** | 국수 |
| **숙소** | 민박 20,000원 |
| **걸은 거리** | 29.2km |

시 골 아 낙, 추 억 을 업 고 걷 다

# 성 필립보 생태마을

화석박물관 → 도돈 → 마지삼거리 → 평창 → 하리 삼거리 → 평창군청 사거리 →
버스터미널 → 뱃재 → 방림 삼거리 → 대화

어제 저녁 젬마가 신부님과 주문진에 있다면서 주문진에 오면 전화를 하란다. 여기서 신부님을 뵐 수 있다니 너무 좋다. 비록 추운 방이지만 아침을 깨우는 아름다운 새소리를 들으며 하루를 맞이한다.

이른 아침을 먹고 7시 10분 평창강 상류를 향해 걷는 길이 바람이 너무 세차다. 기온이 많이 떨어져 손이 시리고 힘이 든다. 봄날이 이토록 추울 수가! 굽이굽이 흐르는 물줄기 너무 맑고 아름답다. 세찬 바람을 안고 힘차게 걷고 있는 나의 옆을 민박집 사장님 내외분께서 승용차로 대화에 간다면서 조금이라도 타고 가면 안 되겠느냐고 묻는다. 물론 순례객은 차를 타지 않는다는 것을 알면서 조용히 물어온다. 나는 웃으면서 고맙다는 인사를 한다.

하루하루 지금 바로 오늘! 얼마나 소중한 시간들인가! 오래전 병원에서 읽은 글귀 중에 '내가 사는 오늘은 어제 죽은 이가 그토록 살고 싶어 하던 내일이다'가 떠오른다. 그렇다. 우리 모두에게 내일은 꼭 보장되어 있는 것이 아니잖은가? 나는 어제 죽은 이들의 내일을 살고 있다.

내가 적금을 해약해서 이 길을 걷는 이유도 다음에 꼭 할 수 있을 것이라는 확신이 없었기에 오늘 지금 이 순간 최선을 다해 걷고 있지 않은가. 내일 사랑해야지. 내일 남을 위해 봉사해야지. 내일 사과해야지 하면 안 될 것 같다. 모든 것은 오늘, 지금, 이 순간 생각나면 바로 실천에 옮겨야 하리라.

어느 추운 겨울 날 아들이 중학교 졸업을 앞둔 날이었다. 의령 행정지 낚시를 갔었다. 추운 겨울인지라 행정지 가는 길목 의령의 '꿈의 궁전'이라는 모텔에서 잠을 자고 행정지에 낚시를 갔는데, 아뿔싸! 모텔 옷장에 낚시조끼를 걸어두고 그냥 와 버렸다. 다음에 가지러 가겠다고 전화를 해 두고는 날씨가 추워 고기 입질도 없고 해서 우리는 눈 쌓인 자굴산 등산을 했다. 눈 속에서 사진을 찍고 줄을 타고 바위에 오르면서도 사진을 찍었다. 그런데 나중에 알고 보니 필름 없는 사진을 찍었던 것이다.

아들 중학교 졸업식 때도 그 카메라를 들고 갔었고, 주왕산 여행 때도 가지고 가서 찍었으니, 지금까지 그 세 군데 기록은 없을 수밖에. 요즘은 얼마나 좋은 시절인가! 필름 없이 휴대폰으로, 디카로 사진을 찍을 수 있으니까.

그때는 우리가 자굴산이 있는 곳 의령 근처에 살게 되리라는 것은 상상할 수도 없었는데, 요즘은 추억이 묻어 있기에 더 멋진 자굴산에 가끔 차를 타고 간다.

강물에 산 그림자가 너무 멋지게 드리워져서 사진을 한 장 찍어 본다.

도돈 - 마지삼거리 - 평창 - 하리삼거리에서 31번 국도 장평 방향 4차선 도로는 너무 복잡하다. 평창 군청 앞 사거리를 지나 버스터미널을 지나서 이곳에서 점심을 먹고 좌측으로 일반 국도를 걸어야 안전하다.

뱃재 470m를 비바람을 맞으며 바쁘게 지나다니는 덤프트럭을
피해가며 오늘을 알차게 채우기 위해 힘차게 걷는다.


1997년 대통령 선거일에 새벽 일찍 주권행사를 마친 우리는
차를 몰고 강원도로 향했다. 환선동굴의 문을 막 닫으려는 순간
도착하여 동굴 관광을 마치고 민박집 취사실에서 둘이서 맛있는
저녁을 만들어 먹었다. 나의 임은 요리 솜씨가 좋다. 집 안에서
는 여자가 요리하고 집 밖에서는 남자들이 음식을 아내에게 바쳐
야 한다면서, 찐빵, 된장찌개 등등. 내가 가끔 아플 때는 흰쌀을
손으로 갈아 죽을 잘 끓여주기도 하였지.

다음 날 우리는 무릉계곡에 갔었는데 정말 경치가 대단하였다.
폭포수와 넓고 큰 바위에 선인들께서 써 두었다는 글 위로 흐르
는 맑은 물을 바라보며, 다정스레 손을 잡고 호젓하고 멋진 길을
거닐었지. 추암해
변 촛대바위에서는
부딪히는 파도를
바라보다가 실성
한 아낙을 만나 마
음 아파했다. 내려
오는 길에 온달동

1997년, 안동하회마을

굴에도 가보고 안동 하회마을에서 하룻밤을 묵었다. 그 다음 날 찍은 사진이 지금 배낭 뒤에 있는 나의 임 사진이다. 그곳에서 헛제삿밥 메뉴가 재미있어서 우린 먹어 보았다. 그 맛이 어떠하였는지 지금 기억에 없다.

해남 땅끝마을에서 무릉계곡, 낙산사, 화진포 해수욕장까지 걷고 싶었던, 그날그날의 기억을 더듬으며 임이시여, 오늘도 최선의 길을 걸으렵니다.

높은 산등성이에서 포클레인이 후진을 하며 돌을 깨고 있다. 저 기사님도 오늘 하루를 잘 가꾸기 위해 외로운 투쟁을 하고 있으리라. 방림삼거리 버스 정류소에서 우의 때문에 배낭을 벗지도 못한 채 잠깐 쉬어보며, 나는 나에게 잘하고 있노라고 박수를 보낸다.

월요일이라 본당 신부님께 일정을 보고 드린다. 알렐루야의 글귀가 2010년도 부활시기에 호주에 계신

< 본당신부님

신부님! 상주에서
문경.미륵자연부락.수산면.제천역.영월
화석박물관까지22일간600km를걷고
평창강상류를통해서 아름다운경치보며
주님께찬미기도드리며열심히걷고있어요
. 신부님 감사합니다.
오전 9:15

본당신부님
주님과 함께걷는 엠마오 여행이네요
600km 놀랍네요 비도 자주오는데
감기조심 체력조절 잘하셔서
목적지까지 무사히 마치시길
기도합니다 마르가리따님 화이팅
알렐루야!!!😊
오전 10:06

신부님 혼자걷는길이 얼마나좋은지
걸어보아야알수있겠지요.
마음에계시는이와 오롯이 대화하며
걸을수있는길.신부님 늘
감사드립니다.🙏
오전 10:13

본당신부님
좋은 순례길 인생길 하늘나라 향해 걷는
길 봄꽃길처럼 아름답겠네요 🌸🌸
오전 10:17

신부님과 나눈 카톡 내용이 위로가 된다.

윤 신부님과의 전화 통화내용을 불러일으킨다.

나직한 목소리로 신부님이, "자매님, 프란치스코 형제님 잘 계시죠?"라고 묻는다. "신부님, 프란치스코 완치되었어요." 나의 대답에 윤 신부님은 환희에 찬 음성으로 "알렐루야!"를 외치신다.

"신부님, 정말 완치되었거든요." 나의 대답에 윤 신부님은 잠시 침묵 후에 "네, 그래요. 형제님은 주님 곁에 잘 계실 거예요. 자매님, 힘내세요. 성모님의 망토로 포근히 감싸드릴게요."라고 하신다.

"신부님, 감사합니다."

성 필립보 생태마을 황창연 신부님께서 계시는 곳에 오니 신부님 강의를 즐겨 듣던 임의 모습이 선하다. 황

성 필립보 생태마을 ▶
대화 성당▼

시 골 아 낙, 추 억 을 업 고 걷 다

신부님께서는 강의를 유머 있게 잘하신다. 성지순례와 여행을 자주 다녀라. 돈이 없으면 집 잡혀서라도 다녀라. 즐겁게 살다가 죽을 때는 꼴까닥 씨익 웃으며 떠나라.

'임이여, 그대는 웃고 있지는 않았지만 개선장군처럼 당당하고 늠름하게 떠나시던 그 모습 지금도 내 눈 속에 남아 있네요.'

난 열심히 최선의 삶을 살다가 씨익 웃으며 떠나고 싶다.

생태마을 황토집을 사진에 담고 대화성당에 들러 성모님 앞에 잠깐 머물렀다가 시골식당에서 두부찌개로 맛난 저녁을 먹고 오후 6시 숙소에 도착한다. 아주 좋은 여관방이다.

**아침**  주먹밥
**점심**  굶음
**저녁**  대화면 시골식당 두부찌개 6,000원
**숙소**  대화면 서울여관 25,000원
**걸은 거리**  36.1㎞
\* 시골식당과 서울여관 강력 추천

# 모릿재 고개의 눈

대화면 → 59번 지방도 → 신리 초교 → 모련사 → 모릿재 → 진부면 6번 지방도 →
오대산 관리사무실

간밤은 너무 깔끔하고 따뜻한 여관방에서 잘
쉬었다. 아침 6시 30분 숙소를 나와 시골 식당까지 걸어가 아
침을 먹는다. 식당 주인이 이곳까지 걸어 왔느냐며 반갑게 맞아
준다. 주먹밥도 마련해주며 혼자 걷는 나의 용기에 힘을 보태 준
다. 7시 5분, 판초 우비를 입고 비바람을 헤치며 장평 방향으로
걷는다. 장평 조금 못 가서 59번 지방도 신리초등학교 옆을 지나
모련사 방향으로 걸으니 함박눈이 펑펑 쏟아진다. 힘겹게 모릿재
고개를 오르는데 호스피스 수녀님께서 전화를 걸어 온다.

"어머니, 지금 어디쯤 걸으세요?"

"수녀님, 모릿재 고개 오르는데 함박눈이 펑펑 쏟아져요."

"어머나, 이 봄에요? 어머니 추억 여행 환영하는 눈인가 봐요. 건강 조심하시고 너무 무리하진 마세요. 이번에 호스피스 봉사자들이 몇 명 왔어요." 한다. "그러세요. 참 반가운 일이네요."

비가 오면 어떠리, 눈이 오면 어떠리. 나의 길지 않은 인생사 얼마나 많은 고난 헤치며 살아왔던가! 직업 군인인 임은 세상 물정 모르는 사람인데, 그러면 아내인 나라도 똑똑해야 했건만 어리석기만 한 나는 제대 신청한 임과 두 딸 아이와 함께, 직업 훈련을 받기 위해 부산으로 내려오면서 그만 전세금을 떼이고 말았다. 집주인이 부산 내려가 있으면 전세금을 부쳐주겠다고 하여 그 말을 믿고 부산으로 이사하였는데, 그 뒤로 감감무소식이다. 나의 임이 제대하고 부산에서의 생활은 몹시 고달팠다. 돈이 없어 사직동에 단칸방을 얻어 생활하게 되었다. 새 직장에 다니던 나의 임은 성격이 꼼꼼하고 성실하여 사장의 신임을 받았다. 그런데 중간관리자가 그것을 시샘하여 모략을 꾸며 직장을 그만두게 되었다. 이후 용호동에서 나는 수예점을 운영하고 임은 예비군 업무를 보았다. 딸아이들 돌보아줄 사촌 시누이 공부시키며 단란하고 행복했던 날들. 활어차 사업을 한답시고, 기장 시댁에 들어가 살면서 힘들었던 삶. 시어머님께 쫓겨난 뒤 양정에서의 아픈 삶. 두 딸아이들과의 이별. 내가 캐리어를 끌며 화장품 외판원을 하던 시간들, 딸들을 잃은 슬픔에 젖어 집에서 두문불출하고 있는 나의 임을 위해 저녁이면 담배 한 갑에 막걸리 한 병을 사 들고 집에 들어갔지. 수예점 운영에 식당 경영 등 닥치는 대로 일을 했다. 만삭의 몸으로 시어머니의 모진 말씀에 포항 친구 집으로 도망갔던 일, 뇌졸중으로 누워 계시는 시아버님 모시며 돌보았던 일, 배 속의 아이를 유산시킨 일, 시댁 빚을 대신 갚아준 일 등 끝도 없이 이어지는 시어머니의 시샘 많던 시집살이. 어찌 말로 다 표현할 수 있으리. 우리 부부가 너무 사랑하니까 미우셨나 보다.

시어머님은 늘상 '돈 좀 주라, 빚 좀 갚아주라'고 보채시고, 가난한 살림살이에 보탬이 될까 하여 식당 운영, 뜨게방 운영 등 아등바등 살아 보았지만, 생활은 더 나아지질 않았고 실속도 없었다. 너무 가난하여 우리는 많은 아픔을 겪어야만 했다. 돈이 없던 시절 겪었던 수많았던 아픔, 넘어지면 일어서고 힘들어도 살아갈 수밖에 없었던 지난 아픈 시간들, 폭풍우 몰아쳐도 헤치며 살아 왔었고 앞으로도 꿋꿋이 살아가리라. 나의 임은 내가 아들을 낳으니 나더러 아이한테 정을 주지 말라고 했다. 잃어버린 아이들한테 준 정 때문에 얼마나 힘들었냐고 하면서, 그렇지만 어찌 자식한테 정을 주지 않고 키울 수 있으랴.

어느 날 고등학교 다니는 아들 공부방에서 부자간에 나누는 이야기를 듣고 나는 자식에 대한 아버지의 정에 감동받은 일이

시 골 아 낙,  추 억 을  업 고  걷 다

있다.

"아들아, 이 아버지는 너에게 해줄 수 있는 것이 하나도 없단 다. 그러나 딱 한 가지 해줄 수 있는 일은 너가 죽을 일이 생기면 대신 죽어줄 수는 있단다."라고 하는 것이 아닌가. 정말 멋진 아 버지였지.

터널 밖 설경

그 멋진 아버지 같은 '자연을 홀 딱 주는 장돌뱅이마을' 팻말이 정 겹다.

모릿재를 올라 400m 터널을 나 오니 아름다운 설경이 나를 기다 리고 있다. 이 봄날에 제설차도 보 인다. 손이 꽁꽁 얼어붙고 등산화 속으로 물이 스며들어 발은 시리 고 최악의 상태이다. 방수 등산화 인데 끈을 잘못 매었을까? 오늘은 목적지까지 못 갈 것 같은 생각이 든다.

버스 정류소에 앉아서 안드레아 형제님께 전화를 걸어 본다.

"형제님, 눈 때문에 진고개 민박까지 갈 수 없을 것 같아요."

"이 봄에 눈이 그렇게 오다니. 아마 자매님 반겨주는 눈인가 봐요. 축하합니다."

"등산화 속으로 물도 들어오고 힘들어서 진고개까지는 못 갈 것 같네요."

"방수 등산화 아닌가요? 진고개 민박집 곤드레밥을 드셔야 할 텐데, 너무 힘드시면 진부에는 숙소가 많이 있으니 하루 묵고 걸으셔야죠."

"그렇게 해야 할 것 같네요. 진부에서 소금강까지는 하루에 걸을 수 있는 거리이니 진부에서 자야 할 것 같네요. 형제님, 고맙습니다."

오후 1시 진부면에 도착한다. 이곳에서 오늘은 멈춰야 하나 망설이다가 시간이 많이 남아서 내쳐 걸으니 나의 기세에 눌려서인지 눈이 그쳤다. 결국 용감한 옥식이가 이겼다. 눈이 걷힌 상큼한 길을 즐기면서 걷는다.

지난 가을 친구들과 나들이 왔던 오대산 국립공

말 두 마리가 노니는 모습이 보기에 좋다. 쟤네들도 연인 사이일까? '말들아! 너네들은 둘이라서 좋구려.'

시 골 아 낙, 추 억 을 업 고 걷 다

원 관리사무실 옆 진고개 식당 민박집까지 오늘은 비바람과 눈보라 헤치며 걸어서 왔다. 곤드레밥에다 여사장님과 소주 한 잔을 나누었다.

저녁 곤드레밥

**아침**  대화 시골식당 6,000원
**점심**  주먹밥 (*진부에 식당 많음)
**저녁**  진고개식당 곤드레밥 10,000원
**숙소**  진고개식당 민박 20,000원
**걸은 거리**  32.8㎞
* 진고개식당 민박: 033-333-4466
              033-333-3679

# 진고개 비탈길의 하이얀 바다

오대산 관리사무실 → 진고개 → 송천 휴게소 → 소금강 계곡

아침 7시 55분 출발한다. 주문진까지 41㎞의 이정표가 나를 유혹한다. 욕심내 걸어 볼까 하다가 이내 마음을 접는다. 너무 무리하면 다음 날 힘들 테고, 내일은 신부님을 만날 수 있으니 적게 걷고, 신부님과 많은 시간을 함께 하고 싶다. 걸을 거리가 짧으니 쉬엄쉬엄 걸어볼 예정이다. 사월 중순에 눈을 만나다니, 그것도 갱상도 아지매가.

어제 우리 집 복순이가 예쁜 새끼 네 마리를 낳았다고 조카가 카톡을 보내왔다. 곰국까지 먹이고 있다니 '지원아, 고마워.'

"이모야, 끝까지 파이팅!" 하며 조카가 힘을 보태준다.

눈이 쌓여 더 아름다운 조용한 오대산 자락을 꽤 쌀쌀한 눈 녹은 바람을 안고 하이얀 설산을 쳐다보며 진고개를 오른다. 해발 800m를 올라 앞을 봐도 까마득하고 지나온 길도 까마득하게 보인다. 가쁜 숨을 몰아쉬며 한 발짝 한 발짝 띄며 얼마나 많은 걸음이 모여 여기까지 왔을까? 나는 어제까지 670km 정도 걸은 것 같다. 몇 발자국이 모여 1km가 될까? 천 리 길도 한 걸음부터라더니 난 벌써 천 리를 넘게 걸었다. 한 걸음, 한 걸음 걸을 때마다 이 생각, 저 생각들이 쌓여, 많은 이들을 기억하고 추억하며 내가 힘들어 지치면 업어주고 안아주는 사람들과 함께 자연을 벗 삼아 여기까지 오면서, 단 한 번도 혼자 걷고 있노라고 생각하지 않았으며, 혹여 '왜 혼자 걸으세요?'라고 물어 오면 '혼자 어떻게 걸어요? 난 많은 이들과 함께 걷고 있어요.'라고 답하며 걸었다.

노고은이 에게

하이얀 바다. 임?
포말의 아름다움처럼 대지는 바다 처럼
하이 얗다 백설의 광채를 자랑하면서,
그래서 나는 하이얀 바다 라고 생각한다
바다를 좋아하는 이는
더욱이 밤 바다를 좋아 하는 이는
바다를 떠날건데 살수 없다
그렇기에 이렇게 애태움이 아닌가?
그리고 바다 처럼 품이 넓고
은은 한 나의 어머니가 되어주 십사고
당신께 이렇게 간절한 사연을 여우는거다
넓게 이해 도 해 달라고
포말 만을 부시어 버리는 쉴없는 바위
처럼 우뚝한 나를 꽉게 안아 달라고
말이야

전번 아니. 어제 보낸 편지에 당신을
화 나게 한 사연이 많으리라 많이
이해 해줘. 그리고 말이야
편지 봉투에 이제 남자 이름으로 가명
해 주면 좋겠어 주소도 좀 바꾸어 버리고
지휘자 로서 40'명 이라는 부하를 거느리는
지휘자 로서 곤란한 점이 있어
내 자신이 어쩌면 부하 들에게 여자 관계에
대해서 통제 해야 하는 때가 있어.
왜냐고 대부분의 사고 원인은 부하 들이
여자 들의· 관계에서 많이 발생 하니까?
이해 해 주겠지. 그렇다고 편지.
를 하게 하지는 말아줘.
그리고 또 한 가지. 모은게 내 유산채운것

시골 아낙, 추억을 업고 걷다

붙여라.
"춘천"에 같게 떨것 끓으면
건제기연 올라 와 주고.
그렇지 못 할 경우에는 좀 기다려 쳐.
내가 어느 정도. 정착이 될때 까지.

당신이 그리워 져····
그리고. 남자 이기에 여자 또 그리워지고.
더욱이 이렇게 되고보니····!
당신! 이런 건. 남자 로서 한번 쯤
은 성낙이 되지 않을까도 싶어.
시시한 소리는 다음에 하고.
내일 이면 교육이 끝나 춘대로
올아간다. 그때 부터는 적인 과 함께
눕고 틈새가 없겠지.
모든 건 부닥쳐 보는게지.
참! 춘천 이연 내 보다 더
북쪽 이연데 ? 추워서 어떻러지?
아무래도 겅마 품이 포근 하늘께야.
나 처럼. 집 조차 황폐 하지 않는 한.
친구 들 일줄이나 한번씩 찾나?
울라온 날 저녁 겅마가 당신 문제에
대해서 이야기 하던구나.
별수 없는 문제 이지만.
모든 걸 응강 해 버렸어
내가 이야기 해 보야 당신 PR 밖에
더 되겠어.
또 지연이 부족 하구나.
둘중에 하나를 선택 해서 편지 해줘
그럼 안녕을
'71. 12. 13. 당신의 영

S__ 에게

눈이 또 듬뿍 내려주었구나.
자꾸. 채곡 채워가는 눈.
밝은 햇살이 눈부시게 부시어오는 아침.
왠지 우울하다. 간밤에 꿨었던 꿈 한 편은 악몽이
되새겨져 .. 누명을 없애는 채 헤여지려나 보다.
용기들과 함께. 변명 끝은 건 죽어도 하기 싫은
성격 이기에 더욱이 누명을 벗어 날수가 없는것 같구나
그러나. 나는 내 마음 속에 한 하며
내 스스로 깨끗함을 자백 한다.
오전 중 으로. 교육이 끝나. 종대로 돌아가게
될것 끝에 과 상래로서는 죽고 싶을 따름이다.
그러나 모질게 ……
저. 아름다운 땅덩이의 색결.
내 염감으로 흔 ~ 들어 한꺼번에 쑤셔버리고 싶을
심정 가득한데. 백광의 생체가 번뜩이기만 하다.
너. 이번 크리스마스 에는 카 ~ 드 한장
보내지 못 할런 걸구나.
내 손수 무언가 창조 해서 그리고 싶은데.
또은 여건이 허락 하지 않는구나
하기름과. 연기들이 함께 몰아세우는 듯 한
여. 절박한 착란 속에서. 내가 저주스럽다.
또은 세상은 나를 버리고
인간은 나를 원 하지 않는가 보다.
저 밖 멀리 추방이나 시켜 주었음 싶은데.
파도가 거세겠지? 바위와 함께 아우성 이고
거센 바람은 ?
그 속에 날려고 싶다.
어지럽게 날려고 싶다.
이 처럼 어두운 세계도 없을까 !

시 골 아 낙, 추 억 을 업 고 걷 다

누군가 광지로서
내 두너를 박살 시켜 주겠을 그만겠는데.
어제는 운가가 드우지 않았어.
사격에도 별 중핥스러운 결과를 나타내지
못 했고. 그리고 또. 영똥스러운 · ·

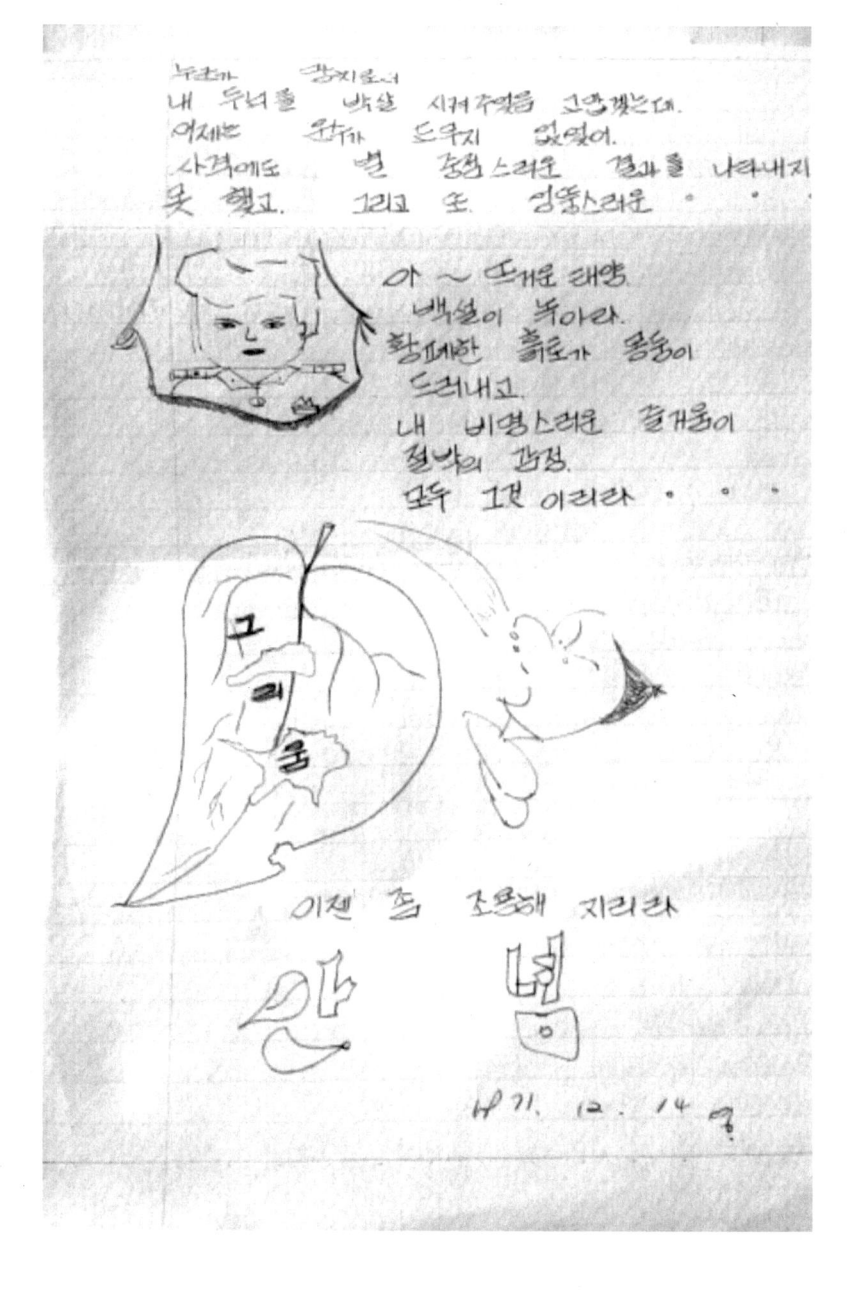

아 ~ 뜨거운 태양.
백설이 녹아라.
황페한 흙도가 몽둥이
드러내고.
내 비명스러운 즐거움이
절박의 감정.
모두 그것 이리라 · · ·

이젠 좀 조용해 지리라

안 녕

6기. 12. 14 옹

나의 임이 소대장 시절 청평 현리에서 눈을 치우다가 지긋지긋
해 하다가도 눈밭을 나와 함께 거닐어 보고 싶다고 편지하던 임
이 더욱더 그립다. 연애편지 속에서 임은 눈이 하얗게 쌓여 있는
것을 보고는 '하이얀 바다'라고 했던가. 임은 눈을 몹시도 좋아했
다. 그래서인지 하늘나라 가기 전 두 번씩이나 꿈속에서 '하이얀
천국'에 갔다 왔노라고 수녀님께 말했다.

　"수녀님, 제가 간밤에 천국에 갔다 왔어요. 오늘 그곳에 가고
싶어요"

　"형제님이 매일 걱정하는 말가리다 씨는 어쩌고요?"

　"수녀님, 이제는 가고 싶어요."라고 하였으며, 어느 날 신부님께
도 "신부님, 저 간밤 꿈속에서 다녀온 하이얀 천국에 가고 싶어
요."라고 하며 간절히 천국에 가고
싶어 했던 임이시여. 나보다 조금
더 높은 곳에 계시는 내 임이여!
그때 꿈속에서 가본 그곳 설국에
서 잘 계시는지요? 오늘 우리가 함
께 걷는 이 길도 하얗게 눈이 쌓
여 우리 두 사람을 반겨주네요.

　오전 10시 30분, 진고개 정상
해발 960m에 선다. 흰 눈을 배경
으로 관광 오신 분께 사진을 부탁

시 골 아 낙, 추 억 을 업 고 걷 다

해 본다. 어떤 젊은 남자가 나의 배낭을 보고, "하루에 몇 리씩 걸으세요?" 묻는다.

"하루에 70리에서 90리 정도 걷고 있어요."

"하루에 100리 걷는 것은 장난인데 내일쯤 통일 전망대에 가나요?"

"아뇨, 나흘은 더 걸어야 갈 수 있어요." 그가 나를 으아하게 쳐다본다. 속으로 '이 아줌씨 걸음도 잘 못 걸으면서 무슨 국토순례한다고.' 하는 것 같다.

어떻게 하루에 백 리를 걸을 수 있을까? 난 압록에서 주천까지 갈 때 길을 헤매는 통에 백 리 가까이 걸었지만, 아직 백 리는 걸어 보지 않았다.

지치지 않고 걷기 위해 나는 하루에 36㎞ 정도씩 계획을 세우고 걸어왔다. 하루나 이틀 정도만 걷는다면 백 리도 거뜬하게 걸을 수 있겠지. 나도 집에서 강둑길을 걸을 때는 한 시간에 6㎞를 주파한 적이 있다. 그러나 지금은 한 시간에 3㎞를 계산하고 걷고 있다. 오르는 길보다 내려오는 길이 더 힘들다. 구불구불한 길을 내려오니 곳곳에 뱀 모형이 그려져 있고 자연보호라고 쓰여 있다. 걷는 이야 뱀을 밟지 않고 다닐 수 있지만, 차들은 뱀을 피할 수 없을 텐데. 이곳은 뱀이 많이 서식하는 곳인가 보다. 여태껏 강의 상류만 향해 걸었는데 이곳부터는 하류를 향해 걷는다. 종착역이 가까워진 모양이다. 눈 쌓인 산들이 봄의 연녹색과 어우러져서 더욱 아름답게 느껴진다. 오늘은 많이 걷지 않았는데도 다리가 아프다. 조금 걷기로 작정한 것이 참 잘한 생각인 것 같다. 오후 1시에 송천휴게소 식당에서 산채비빔밥을 맛나게 먹는다. 친절하고 맛깔스러운 식당이다.

*산채비빔밥식당: 033-661-4391

소금강계곡 입구 오기 전에 민박집이 보이는데, 민박집보다 모텔이 있었으면 하고 소금강 입구를 지나 한참을 걸어 오후 4시에 소금강모텔에 들어오니 실망이다. 민박집보다 따뜻하고 편할 것 같았던 나의 기대는 물거품이 되었다. 방 청소도 제대로 되어 있지 않고 삭막하기까지 한 방에서 그 옛날 나의 임과 함께했던 영천 도유지의 황당했던 낚시 추억을 떠올려 본다.

그 날도 이삿짐 같은 짐을 챙겨 영천 도유지 낚시를 갔다. 조용한 곳에서 우리 부부만 민물낚시를 즐기면서 해거름에 텐트 앞에서 시원한 맥주를 나누어 마시며 아름다운 저녁노을의 풍취에 젖어 있었다. 오토바이를 탄 낚시꾼 한 명이 우리들의 텐트를 지나 저수지 안쪽으로 들어가는 모습을 보고 낚싯대를 걸어둔 상태에서 우리는 텐트로 들어가 잠을 청했다. 아침에 일어나니 낚싯대들이 사라지고 없었다. 그날 밤 비싼 낚싯대를 걸어 두었는데 그것이 화근이었던 것 같다. 나는 '아싸! 낚싯대를 도둑맞았으니 임이 이제는 낚시 그만 다니겠지.' 하고 반가워하며 그 길로

차를 달려 부산으로 내려와 형부가 잡아 둔 생선회를 맛나게 먹
는데, 나의 임 왈, "당신 낚싯대 도둑맞은 것 좋아했재?" 한다.
후후, 어찌 알았지? 낚싯대가 없어지고 나면 성당에 잘 다닐 수
있을 거라는 기대를 하였는데 임은 낚싯대를 다시 구입하여 또
낚시를 열심히 다녔다.

텐트에서 잠을 자는 것이 이 모텔보다 훨 나을 것 같다. 좁은
공간이지만 그런대로 깔끔하고 마음 편한 공간이지 않은가.
소금강모텔 숙박 요금 4만 원 달라는 것을 3만 원으로 깎고 들
어왔지만, 친절과 청소가 엉망이고, 식사할 곳도 마땅히 없다.
딱히 다른 숙소도 없고, 옷을 입은 채로 불결해 보이는 침대에서
뻗어 버린다. 오늘은 비록 짧은 거리를 걸었지만, 진고개 내리막
길에서 지쳤더니 피로감이 몰려온다.

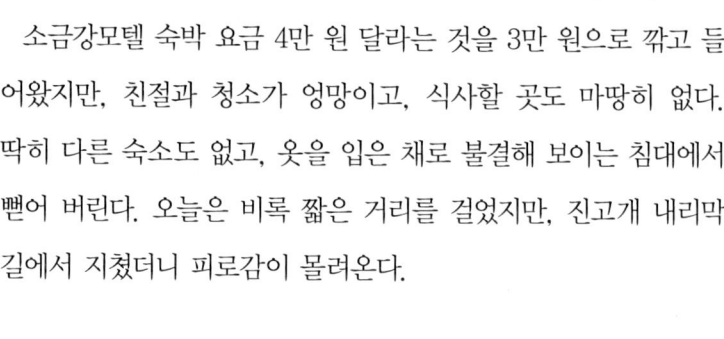

**아침** 진고개식당 민박집
**점심** 송천휴게소 산채비빔밥 10,000원
**숙소** 소금강모텔 30,000원
**걸은 거리** 25.7km

# 아버지

**소금강 → 연곡 부락 해파랑길 40코스 → 주문진 성당**

　마음에 들지 않는 모텔방에서 빨리 탈출하고도 싶고, 점심시간에 맞추어 주문진에 도착하고 싶어서 아침 6시 50분 일찍 길을 나선다. 얼마 걷지도 않았는데 해풍이 불어오는 것을 느낄 수 있다. 드디어 내륙에서 이제 해안 길로 들어서는구나. 처음에 해파랑길을 걷고 싶었는데 1코스에서 3코스 반까지 걷고 내륙 백두대간을 걸어와서 마무리를 해파랑길에서 할 수 있다니, 두 개의 꿈을 동시에 이룬 느낌이다.

　10시 30분 연곡부락에서 해파랑길 40코스를 만나니 옛 친구를 만난 것처럼 무척 반갑다. 오랜만에 바닷바람을 코로 깊이 들이쉬며, 고운 모래사장 위에 갈매기 식구들을 보면서 나의 아버지를 떠올려 본다.

 나의 아버지, 호남이시고 풍채 좋으셨다던 아버지는 1940년대에 무역선 두 척을 가지고 무역업을 하시는 지방 유지였는데 사업이 잘 안 되어 그만 화병으로 내가 일곱 살 때 돌아가셨다. 우리는 큰 기와집에서 살았고, 뒷방에서 주무시던 아버지께서 앞방까지 몸무림쳐서 넘어와 누워 계시는 모습을 내가 아침에 제일 먼저 발견하여 깨워 보았지만, 아버지는 아무런 말씀이 없으셨다. 어린 나는 아버지가 보고 싶고 그리워서 할미꽃을 파다가 빈소 앞에 심었던 기억이 선하다. 그 당시 우리 집은 목재로 잘 지어진 집이었는데, 아버지 돌아가신 후 그 집을 그대로 옮겨 간다는 곳에 팔고 우리는 아래채를 뜯어서 본체 자리에 집을 지어서 살았다. 지금은 사진으로만 뵐 수 있는 나의 아버지. 아버지, 뵐 수만 있다면 보고 싶어요. 아버지!

현재 두 분의 양부가 내 곁에 계신다. 곧 만나 뵙게 될 신부님과 시골에 내게 식량을 부족함 없이 공급해주시는 아버지가 한 분 더 계신다. 시골 아버지는 늘 가까운 곳에서 내가 집에서 잘 지내는지 살펴주시고, 집 주위 풀도 베어 주시고 큰 버팀목으로 계시는 분이시고, 신부님 아버지는 내가 힘들 때마다 늘 사랑으로 품어 주시는 분이시다. 우리 내외가 6개월간 병원 생활을 할 때에는 보름에 한 번씩 책 속에다 봉투를 넣어 찾아오셨고, 나를 데리고 나가서는 간병하느라고 힘들다고 하면서 영양식을 사주곤 하셨다.

우리 부부를 무척 사랑하고 아껴 주셨으며 우리의 아픔을 늘 함께해주셨던 신부님! 나의 임 장례미사를 집전하실 때는 먼 추억도 떠올려 주셨다. 우리가 고등학교 다닐 때 프란치스코는 신부님과 함께 성당 건물에 살고 있었다. 우리 둘이 자주 만나는 모습을 보고 "너희들, 나중에 결혼 할 거니? 그때 어려움이 있으면 나를 찾아오렴." 하셨지.

그 뒤 우리는 어렵게 결혼을 하였고, 나는 삶이 힘들 때마다 신부님을 찾아뵙고 면담성사 받으며 위로를 받았다. 우리 두 딸아이 하늘나라 가는 길에도 신부님께서 보내주셨으며 어느 날 우리 차를 타고 대송등대에 가보고 싶다고 하여 그곳에 갔다 오시면서 우리 아파트를 쳐다보시며 "너희들, 그동안 고생 많이 했으니 이제 행복한 일만 있을 거야." 하고 축복해주셨지만, 그 말씀 듣고 얼마 되지 않아 나의 임은 암 판정을 받았다. 그런데 나의 임이 암 판정을 받았다는 사실을 신부님께 말씀드리지 못하여 죄송스러웠다. 치료를 포기한 후에 신부님 찾아뵙고 말씀드렸을 때, 신부님께서는 모든 성인 성녀 다 부르시며 그에게 뜨거운 안수를 해주셨다. 부산의 병원에 갔을 때 마지막으로 찾아왔던 폐의 암 덩어리는 사라지고 없었지만, 나의 임은 결국 방사선 후유증으로 장이 괴사하여 하느님께로 가야만 했다.

신부님께서는 임을 잃고 헤매는 나를 데리고 강원도 눈 구경도 시켜 주고 중국 여행도 데려가 주시면서, "애야, 이제 울지 말거라. 나는 하느님께 가는 날까지 너의 사랑을 받다가 떠난 프란치스코가 부럽단다. 하느님 곁에 잘 있을 테니 울지 마. 나는 너의 아버지니 힘들 때는 언제든지 아버지 집에 오너라. 너를 위한 공간이 늘 기다리고 있다."라고 말씀하셨다. 그 보고 싶던 신부님 아버지를 오늘 뵐 수 있다.

주문진 성당 이정표가 잘 되어 있기에 12시가 안 되어 성당에 도착한다. 성당 계단에 주저앉아, 화단을 가꾸고 있던 자매님께서 주는 율무차를 감사히 마신다.

신부님을 곧 만날 수 있다니 가슴이 벅차 온다. 젬마가 차를 몰고 신부님을 모시고 온다. 드디어 보고 싶던 신부님을 만나니 반가움에 나의 눈가에 이슬이 맺힌다. "애야, 뭐 먹고 싶니?" 말 없는 내게 "우리 회 먹으러 갈까?" 내륙으로 걸어온 내게 회를 사주겠다고 하시며 횟집에서 푸짐하게 회를 먹고 경포대 벚꽃 구경을 갔다가 젬마의 아파트에 짐을 풀어 놓고 신부님께서 매일 몇 시간씩 산책을 하신다는 강원도립대학 솔숲길과 신사임당 교육원도 둘러보았다.

강원도립대학 솔숲길

저녁을 먹으면서 신부님께서 "어찌하여 이 먼 길을 차도 타지 않고 혼자 걸어왔느냐?" 물으신다. "신부님, 프란치스코랑 함께 걸어왔어요." 하였더니 빙긋이 웃으시며 "프란치스코는 다리 안 아팠겠구나." 하신다.

"아니에요, 신부님. 제가 힘들 때 오히려 프란치스코가 업어주었는걸요." 하였더니 한참 동안 묵묵히 계신다.

"신부님, 저는 복이 참 많아요. 신부님께서 늘 챙겨주시고 제 주위에는 좋은 사람들만 있어요." 하였더니, "그래. 그런데 말이다." 말끝을 흐리신다. 한참 침묵이 흐른 후, "프란치스코가 함께

했으면 좋았을 걸." 하신다.

"너가 와서 오랜만에 함께 식사를 할 수 있으니 참 좋구나." 하시며 식사를 마치고 콧노래를 부르신다. 식탁에 앉아 콧노래를 부르시는 아버지 신부님의 노래를 들으며 젬마의 방에서 나는 오랜만에 편안하게 잠을 청해본다.

**아침** 굶음
**점심** 주문진 횟집
**저녁** 젬마 집
**숙소** 젬마 집
**간식** 6,000원
**걸은 거리** 17.3㎞

# 낙산사에서 삶을 묻다

**주문진 → 해파랑길 41코스 → 동호해변 → 낙산사 → 설악해변**

아침 일찍 신부님께서 집전하시는 미사에 참례하고 젬마가 챙겨주는 떡과 주먹밥을 가지고 6시 20분 해파랑길 41코스까지 젬마와 신부님께서 데려다주고 가신다. 트랭글 GPS 어플에 지도가 계속 이어져야 하는데, 젬마한테 주문진 성당 들어가는 입구에 차를 세워달라고 하였건만, 내 마음을 모르고 젬마는 자꾸 조금 더 가서 내리라고 한다. 신부님께서 뒷자리에 앉아 계시니 고집을 부릴 수 없어 트랭글 지도가 잠깐 끊어지는 사태가 발생하고 만다.

이제 이 여행도 이틀 남았다. 거리를 조금씩 더 줄여 마지막 날에는 착오 없이 통일 전망대에 가야 한다. 괜한 걱정이 앞선다. 남애해변 국토 종주 자전거 길이 정말 낭만적이고 멋있게 조성되어 있다. 방부목으로 자전거와 걷는 사람의 안전을 생각하여 만들어진 이 길을 조성하느라 수고하신 분들께 감사를 드린다. 거센 바닷바람이 왜소한 나를 날려 버릴 기세로 불어댄다. 오전 10시 30분 38선 휴게소에 도착한다.

혼자 길을 걷는 내게 여호와의 증인 젊은 형제님께서 사진을 찍어 주며 전도하고자 하는 듯하더니, 아낙이 혼자 걷는 모습에 엄두가 안 나는지 그냥 어디를 향하여 걸으시냐는 말만 건넨다.

동호해변 흔들의자에 앉아 간식을 먹다가 휴대폰을 두고 200m가량 걸어가다가 되돌아가서 휴대폰을 찾아 다시 길을 걷는다. 어쩌다 잘 지켜오던 흔적 지우기를 잊었을까. 휴대폰 속에

223

27일째

오늘까지 걸어온 모든 정보가 담겨있는데, 큰 일 날 뻔했네, 흔적을 다시 확인하면서 걷자.

해파랑길 44코스 낙산사 후문으로 들어가며 '임아' 하고 조용히 속삭여 본다.

2007년 금강산 관광 때, 갈 때는 화진포 해수욕장에 들러 김일성 별장과 이승만 대통령 별장을 둘러보고 화진포 해수욕장에서 거닐다가 하루를 묵고, 금강산으로 갔다. 관광을 마치고 내려올 때는 낙산사에 들러 해수관음상 옆, 동전 빠뜨리는 곳에 홀랑 벗고 들어가 잠수해서 돈을 꺼내던 개구쟁이 아이들을 보며 '허허허.' 웃던 그대가 지금은 아무런 말없이 나의 등에 업혀 조용히 있구려. 그날의 그대 모습을 찾으러 내가 여기까지 왔다오. 홍련암에 가서 물이 들어왔다, 나갔다 하는 모습을 신기하게 바라보던 그때의 그대를 떠올려 봅니다.

지난날 함께 왔던 이곳에 와보고 싶어서 오늘은 그대를 업고 왔다오. 우리들의 지난날 흔적을 찾

낙산사 해수관음상

으려 이 먼 길 걸어 왔지요. 홍련암에 들러 우리의 추억을 만나
보고 해수관음상으로 발길을 옮기니, 오늘은 개구쟁이 아이들도
없고 말없이 우뚝 서 계시는 해수관음상이 찬바람을 맞으며 조
용히 나를 바라보고 계시네요. 말 없는 임처럼.

'처음 추억 여행을 하려고 생각했을 때 어떤 길이 있는 지도 모
르는 상태에서 우리가 처음 만났던 부산의 갈대숲에서 시작하여
낙산사를 거쳐 화진포해수욕장까지 걸어보고 싶었고 잘 걸어지
면 다음에 땅끝에서 무릉계곡까지 걷고 싶었는데. 해파랑길 3코
스를 3일 걷고, 땅끝마을에서 우리의 추억을 만나 백두대간 길
내내 함께하며 여기까지 왔네요. 어찌 흡족하신가요?'


부산의 갈대숲은 사라지고 없었지만, 낙산사는 거의 변함없이
우리 둘을 맞이해주는군요. '길에서 길을 묻다'라는 글귀가 마음
에 와 닿는다.

꼭 어떻게 살아가겠다고 하기보다는 나에게 주어진 삶에 순응
하며 최고가 아닌 최선의 삶으로 살고 싶다. 아름다운 저녁노을
과 온화한 황혼을 만들기 위해 많은 것을 내려놓으면서 하루하
루 열심히 살다 이 세상 소풍 끝나는 날 행복했노라고 말하며
하늘나라 갈 수 있는 길을 만들기 위해 노력하는 삶의 길을 걷고
싶다.

정문 주차장 방향으로 나가야 모텔이 있을 텐데. 옆문으로 나

와서 내일 걷는 거리를 줄이기 위해 설악해변까지 부지런히 걷는다. 초입에 게스트 하우스가 있는데 안 들어가고 민박집에 왔더니, 돈은 모텔보다 더 많이 주었건만 춥고 불편하다. 벗은 옷을 챙겨 입고 아래층으로 가서 너무 추우니 불을 더 넣어달라고 부탁을 한다.

**아침**  주먹밥
**점심**  주먹밥
**저녁**  설악해변 용궁해물탕
       황태구이정식 10,000원
**숙소**  민박  35,000원
**걸은 거리**  36.5㎞

## 멋진 저녁노을

**설악해변 → 대포항 → 설악대교 → 고성 → 가진 → 백도항 → 송지호 → 간성**

새벽 6시 25분 숙소에서 출발한다. 물치 해수욕장을 쳐다보며 지금 내가 타고 다니는 20년 된 자가용을 떠올린다.

1996년도였던가. 소양강댐에 가서 청평사를 관광하고 우리 부부는 곧장 동해안으로 향했다. 해수욕장마다 너무 많은 인파가 몰려 있어 우리는 텐트를 칠 자리를 찾기 위해 동해안의 해수욕장을 다 둘러보았다. 하지만 텐트 칠 빈 공간을 찾을 수 없어 울진까지 떠밀려 내려가 그곳 계곡에서 텐트를 칠 수밖에 없었다. 건강하고 씩씩했던 나의 임! 긴 시간 운전도 노련했었지.

지금 해수욕장엔 아무도 없이 그저 조용한 아름다움만 마치

과묵한 나의 임처럼 내게 안겨 온다. 임은 이제 말이 없어졌고, 차는 20년이 되니 시끄러워졌다오.

설악해맞이 공원 조각상들이 멋지다. 우람한 남성미를 자랑하는 상, 다정다감한 아이들의 천진난만한 상, 사랑을 이루어 준다는 인어상까지 보는 재미가 있다. 대포항에서 오전 7시 50분 홍게 해장국으로 아침을 먹는다. 마침 명환이 친구가 전화를 해서 비싸고 맛난 아침을 먹고 카드 끊고 가면 식대를 주겠다고 농을 한다. '고마우이.'

설악 대교 아바이마을을 내려다보며 걷는다. 속초 영금정에 들렀다가 속초 등대의 가파른 철 계단을 오를까 말까 망설이다 언제 또 올 수 있겠는가. 다시 오기 어려울 것 같아 가쁜 숨을 몰아쉬며 올라가니, 힘차게 뻗어있는 날개 앞에 서서 사진을 한 장 찍어 본다. 어디론가 훨훨 날 수 있다면 얼마나 좋을까. 임이 계시는 하늘나라까지 날아가고 싶다.

등대에서 내려오니 '영금정' 파도가 석벽에 부딪힐 때 거문고 소리가 난다고 이름 지어졌다더니 거문고 모형이 있기에 주위에 사람이 없으니 배낭만 두고 사진을 찍어 본다. 강원도의 멋진 오징

어 모형을 사진에 담는다.

11시 10분 고성군에 입성한다. 이제 내일이면 이 여행이 끝난다. 민주지산까지 위문을 왔던 질부는 "고모님, 왜 그렇게 빨리 걸으세요? 삼팔선 뚫어 드릴 테니 더 걸으실래요?" 하며 카톡으로 안부를 물어오며 농 섞인 글을 보내온다. 이제 집으로 가야지. 집에 가고 싶다. 잠자는 걱정 없고 먹을 걱정 없는 나의 집으로 가고 싶다.

친구들을 그리며 찍은 사진

지난 가을 친구들과 여행 와서 하루 묵었던 켄싱턴 리조트 앞이다. 벤치에 앉아 "선아, 너 정말 대단허이. 아픈데는 없니?" 하며 걱정과 격려를 보내주는 정다운 친구들의 얼굴을 하나하나 떠올려 본다. 친구들, 사랑해!

고성 '이모네 감자탕' 집에서 김치찌개로 점심을 먹는다. 벽에는 삶에 유익한 글들이 깨알같이 써 있다. 그 글을 읽으며 먹는 찌개 맛도 맛나다. 청간정에 올랐다가 내려오는 길에 노부부를 만났다. 그들이 두 손을 꼬옥 잡고 계단을 내려오며 "다시는 올 수 없겠지." 하는 대화를 듣고는 "참 보기 좋으시네요." 했더니 "왜 혼자 왔느냐?"라고 물으신다. 너무나 부럽고 보기 좋은 모습이다. 우리도 칠팔십이 넘도록 머리가 백발이 되어 두 손 꼭 잡고 멋진 저녁노을 쳐다보며 우리들의 아름다운 황혼을 물들이며 살고 싶었는데, 나의 임은 이제 나에게만 보이는 별이 되어 나와 함께 하고 있다. 내 안의 나의 임이시여. 이것이 진정한 일치가 아닐까요?

고성 8경 천학정과 백도항을 지나 송지호에 오니 경치가 너무 좋다. 호수를 쳐다보며 호젓한 산길을 나오니 공현진리에 모텔이 있다. 시간도 이르고 내일을 위해 더 가야지. 모텔이 있겠거니 생각하고 가진 해수욕장까지 걸었지만 숙소는 없다. 시간은 오후 6시가 지나고 아들은 숙소를 잡았느냐고 전화를 해댄다. 바다 파출소에 가서 문의하니 공현진까지 가야 숙소가 있다고 한다. 되돌아가기는 싫다. 오늘의 피로를 풀기 위해 아쉽지만 조용한 해파랑길을 포기하고 일반국도로 나서서 힘차게 걷는다. 차들이 싱싱 달려서 걷기가 무척 어렵다.

오후 7시 10분 고성군청소재지 황태 해장국집에서 저녁을 먹고, 또 욕심을 부린 것이 화근이 될 줄이야. 한 발자국이라도 더 걸어가서 숙소를 잡아야지 하고 모텔 몇 개를 통과하고 여관 간판이 있기에 대화면에서의 정말 좋았던 기억을 떠올리며 들어갔더니 이곳은 최악의 숙소다. 도저히 잠을 잘 수가 없을 것 같아서 숙소를 나가려고 주인을 부르니, 매트와 이불, 전기 히터를 갖다주며 경상도 사투리가 너무 정겹고 좋다면서 애교를 부리며 알랑댄다. 그래, 오늘이 마지막이다. 참자. 세수도 못하고 옷을 입은 채로 전기장판 속으로 들어간다. 이 지저분하고 추운 곳에서 머물러야 하다니. 나의 집이 더욱더 그리워진다.

홍게해장국

김치찌개

**아침** 대포항 홍게해장국 8,000원
**점심** 고성이모네감자탕집
김치찌개 7,000원
**저녁** 간성 황태해장국 7,000원
**속소** 여관 25,000원
**걸은 거리** 41.1㎞

# 화진포의 추억을 끝으로

간성 → 반암해변 → 거진 → 화진포 → 초도 → 마차진 → 출입국 관리소

 왠지 마음도 급하고 잠시라도 더 머물고 싶지 않은 숙소를 얼른 빠져나온다. 아침 6시다. 길에서 만난 분에게 통일 전망대로 가는 길을 물으니, 큰 지도를 한 장 주면서 걸어서는 오늘 도착할 수 없다고 말한다. 왠지 불안하다. 오늘 도착해야 할 텐데⋯. 나는 이 길을 걸으면서 처음부터 전국지도 한 장 없이 걸었다. 장흥에서 모텔 사장님이 조그마한 지도 한 장을 주기에 그것으로 걸어온 길을 체크해 가면서 걷는 재미를 맛보았는데 전국지도라니 감사하다. 그 작은 지도에는 없는 통일 전망대가 이 큰 지도에는 나타나 있다. 오늘 분명히 갈 수

있겠지. 그렇다. 난 걸어서 출입국 관리소까지만 갈 수 있지 않은
가. 비로소 마음이 놓인다.

월남전 참전 기념탑을 사진에 담고, 차도를 한 참 걸어, 반암해
변을 만나, 해파랑길 48코스를 걷는다. 거진항에서 홍게 사진을

찍고 산으로 오르며 거진항 정경을 사진에 담아 보고, 산 위에 있는 돌고래 모형, 12지간 모형 등으로 잘 가꾸어진 멋진 산길을 걸으며 곧 만나게 될 추억의 끝자락 화진포 해수욕장과 김일성 별장, 이승만 대통령 별장에 왔던 때를 떠올려 본다.

그때는 나의 임이 병마와 함께한 지 5년째 되던 해였다. 그나마 걸을 수 있을 때 금강산 관광이라도 다녀오자고 군 동기 내외와 함께 금강산행을 감행했다. 화진포 해수욕장을 거닐 때 그와 나는 '화진포에서 맺은 사랑' '영원토록 변치 말자, 맹세한 사랑.' 노래 가사를 흥얼거리며 다정스레 손잡고 걸었다.

금강산 다녀와서 몇 개월 후 울릉도에도 함께 가기로 약속했으나, 임이 많이 아프기 시작해서 울릉도 여행은 포기해야만 했다.

배낭에 남아 있던 간식으로 배를 채우며 드디어 '화진포 성'에 도착한다. 입장료 3,000원을 주고 들어가서 추억들을 만나본다. 이승만 대통령 별장의 추억과 화진포 해수욕장의 추억까지 다 챙겨 가슴에 꼬옥 끌어안고 뿌듯한 마음으로, 화진포 '우리식당'에서 메밀국수로 점심을 먹고 화진포 해양박물관, 초도 해수욕장, 해파랑길 49코스, 마차진 해변에 오니 '통일 전망대 출입국 신고소 700m' 팻말이 보인다. 아, 이제는 안심이다. 늦지 않게 도착할 수 있겠구나. 호젓한 바닷길로 멀리 보이는 섬들을 쳐다보며 느긋하게 걷다가 신고소에 도착하니 울컥 눈물이 날 것 같다. 그때 막 안드레아 형제님께 전화가 걸려온다.

안드레아, "지금 어디쯤이세요?"

나, "막 출입국관리소에 도착했어요."

신고소 여직원이 누가 마중을 오느냐고 묻는다.

나, "예, 아들이 지금 오고 있어요."

여직원, "그럼 한 시간 정도 더 걸어가셔도 됩니다. 잘 걸으세요."

신분증을 내밀려고 하니, 아들이 신고하면 된다고 하면서 그냥 가라고 한다.

나, "형제님! 더 걸어가도 된다고 하네요."

안드레아, "난 조금이라도 더 걸어가고 싶었는데, 그때는 안 된다더니, 요즘은 걸을 수 있는 모양이죠?" 안타깝고 부러운 목소리이다.

안드레아, "좋으시겠어요. 축하드려요. 건강하게 잘 걸으셨네요."

나, "예, 감사합니다. 전망대 도착해서 전화 드릴게요."


웬 횡재! 여태껏 아프던 다리가 멀쩡하여 힘차게 걷는다. 마중 오는 사람이 없으면 걸어갈 수 없는 곳이기에 더욱 힘차게 걷기 시작한다. 추워서 입고 있던 겉

최북단 초등학교

시 골 아 낙, 추 억 을 업 고 걷 다

옷을 벗어서 허리에 걸치고 비가 부슬부슬 내리는 길을 우산도 없이, 봉화마을, 명파해변, 최북단 명파초등학교를 사진에 담으며 한 시간가량 걸어 통제소 직전에서 아들을 만난다.

아들과 함께 통일 전망대에 올랐다. 배낭을 차에 두고 내리니, 아들이 짐을 조금 빼내고 배낭을 메고 가야 한다고 한다. 맞구먼, 아들. 드디어 통일 전망대에 오르는구나. 마침내 이곳까지 왔구나. 해남 땅끝마을에서 꼬박 29일을 걸어 이곳에 도착했구나 싶으니 마음이 뿌듯하고 눈물이 나려 한다.

많은 이들의 염려와 기도 덕분에 이곳까지 무사히 잘 왔구나. '선아, 그동안 수고했다.' 등 뒤의 임이 나직히 속삭인다.

어제까지 786km를 걷고 오늘의 거리를 합산해 보면, 총 이천

리는 족히 걸었으리라. 온화한 부처님을 뵈옵고 자비로우신 성모님 앞에서 감사의 기도를 드린다.

어젯밤 숙소가 좋지 않아서 고생을 했다고 아들에게 말했더니, "어머니 오늘은 깔끔한 곳에서 푹 주무시게 해 드릴게요." 한다.

아들이 오는 길은 비가 많이 내렸다고 한다.

"아들 수고했네. 고맙고 미안하네." 하였더니 "무슨 말씀이세요? 어머니는 이 먼 길을 걸어서 오셨는데 저는 차로 왔잖아요." 늘 듬직한 친구 같은 아들! 아버지를 똑 닮아 나의 속을 한 번도 상하게 하지 않고 내 곁을 지켜 주는 아들, 지금은 어엿한 공기업에 다니며 일주일에 한 번씩 엄마를 찾아와 다정한 벗이 되어 준다.

아들은 내가 도중하차할 것 같아서 중간에 한 번 더 찾아오려다가 그만두었다고 한다. 아들 차를 타고 내가 걸었던 길을 되돌아 나와 원주시외버스터미널 근처에 숙소를 정하고 가까운 식당에서 불고기에 소주 한 잔을 나누며 아들이 말한다.

"어머니, 이제 아버지 편히 보내 드리세요."

"저는 오늘에서야 아버지 장례를 치른 것 같습니다. 이제 우리 아버지를 편히 놓아드립시다." 한다. 아들의 말에 눈물이 난다.

"그러세. 우리 이제 보내 드리세."

"어머니가 아버지 잃으시고 일이 년쯤에 여행을 계획하셨다면, 저는 지금처럼 이해해 드리지 못했을 거예요. 오 년이 지난 후에 아버지와의 추억 여행을 하신다니 저도 동참하기가 쉬웠어요."

"그래, 아들 고맙네."

오늘에서야 비로소 아버지를 놓아드릴 수 있다고 아들이 말한다. 가끔 아버지와 단 몇 분간만이라도 대화를 나누어 보는 것이 소원이라던 아들, 아버지를 너무너무 존경한다던 아들, 아버지 어머니 살아오신 그 모습대로 아니 그 반만이라도 닮은 삶을 살 수 있으면 성공한 가정생활을 꾸릴 수 있을 것이라던 아들!

아들의 그 말이 그저 고맙고 의젓하게 느껴진다.

1975년도 여름, 나의 임이 학군단 교관 시절 병영훈련을 와서 치악산 등반하고 개울에서 목욕하며 지내던 추억이 깃들어 있는 원주에서 아들과 함께 하룻밤을 묵는다.

아들과 함께한 저녁

**아침** 화진포 우리식당
메밀막국수 7,000원
**저녁** 원주에서 아들과 함께
**김일성 별장 관람료** 3,000원
**걸은 거리** 32.8km

## 아들과 함께 집으로

1997년, 강화도의 추억

아들의 차를 타고 돌아오는 길, 그동안 걸으면서 많
은 대화를 나누었던 산과 들 그리고 아름다운 자연을 스쳐 지나며, 그 긴 여정 동안 고마웠던 많은 이들의 얼굴이 떠오른다. 과묵한 나의 임과 나눈 숱한 대화, 늘 나의 멘토가 되어 주시는 나의 두 아버님, 본당 신부님, 호스피스 수녀님, 안드레아 형제님, 다정한 나의 친구들, 그 밖의 많은 분들께 종주 소식을 전하며 29일간의 일정을 되짚어 본다.

미황사 직원분들의 따뜻했던 사랑, 주작산과의 만남, 다산 초당과 백련사 길의 진한 감동, 다리가 퉁퉁 부어 힘들었던 압록까지의 여정…. 덥고, 춥고, 배고프고, 아프고 누가 시켰으면 절대 하지 않았을 고생을 하고 나니 고생이 아니라 즐거움이었고, 삶의 밑거름이 되어준 여정이었다.

이천 리 길을 한 걸음, 한 걸음씩 뗄 때마다 그동안의 아픔, 그리움, 서러움을 하나씩 내려놓으며 이젠 사랑하는 많은 이들과 함께 그동안 만났던 아름다웠던 자연처럼 밝고 희망찬 내일을 만들어 가리라. 진정한 나만의 들국화 향기를 뿜으며….

길을 걸으면서 제일 힘들었던 것은, '어떻게 먹고, 어디서 잘까'였다. 잘 자고 잘 먹게 해주셨던 분들께 감사드리며, 해파랑길 3일, 국토종주길 29일 동안 길 위에서 만난 많은 은인들과 늘 격려를 보내 주신 분들을 기억하며 감사한 삶 가꾸어 가야겠다.

걷는 내내 내 곁을 지키며 함께 걸었던 말 없는 그 사내, 나의 임, 내 사랑이시여.

임께서 늘 걱정하시던 철없는 아내인 내가 당신을 업고 비바람 맞으며 이 천 리 길을 걸었다오.

돌이켜 보면 이 먼 길은 당신을 향한 나만의 인사였다오. "안녕!" 이제는 울지 않으리.

나의 이웃들에게 작은 미소와 위로를 보내며 성실히 봉사하는 삶 살도록 노력하겠소. 걱정하지 마시고 하늘나라에서 지켜봐 주오.

노래, '어느 60대 노부부의 이야기' 마지막 구절처럼 "여보, 안녕히 잘 가시게. 여보, 안녕히 잘 가시게."


어제도 오늘도 사랑하는 나의 임 영전에 이 책을 바칩니다.

2015. 12. 24.

임의 6주기 기일에 박곡마을에서

29일간 걸은 총거리 819.4km

시 골 아 낙 , 추 억 을 업 고 걷 다

## 맺는 말

이천 리 넘는 길을 홀로 걸으며, 길 위에서 만난 고마운 분들과 길 위의 또 다른 추억들을 엮어 책처럼 만들어 임의 기일에 바쳤다. 그 책을 본 지인들이 세상에 내보라 하여 용기를 내어 부끄러운 글을 책으로 만들어 보게 되었다. 글을 쓰는 과정이 너무 우울해서 쓰는 것을 몇 번이나 포기하기도 했다. 그동안의 수많았던 아픔들을 또 한 번 더 내려놓고 책을 쓰고 나니, 이제는 마음이 가볍고 밝아졌다.

너무나 소중한 가족을 잃고 그 아픔에서 헤어나지 못하고 힘들어하는 분들과 고부간의 갈등 속에서 고뇌하는 분들이 읽고 작은 위안을 받았으면 하는 바람이다. 길을 걷고자 하는 이들에게도 어떻게 먹고 어디서 잘까에 대해 조금이라도 도움이 되었으면 한다.

시어머님께 받았던 아픔을 교훈 삼아 가족을 사랑하고 또 사랑하며 대자연의 품처럼 넓고 포근한 가슴을 가진 어른이 되려 한다. 적지 않은 시련이 찾아올 때는 "운명아, 비켜라. 내가 간다." 하고 외치며 힘차게 걸어온 삶이다.

앞으로 또 다른 시련이 찾아올지라도 난 당당히 맞서며 꿋꿋이 헤쳐나갈 것이다. 아픈 만큼 얻는 것 또한 많을 테니. 난 찬서리도 이겨내는 강인한 들국화다. 다리가 떨릴 때는 늦으리. 아직도 다리보다 가슴이 떨리는 예순의 나이에 시간이 허락된다면 산티아고 순례길도 다녀오고, 제주도 올레길도 속살까지 들여다보며 천천히 걸어 보고 싶다. 나만의 들국화 향기를 흩날리며.

사랑하는 모든 이들과 행복한 삶을 만들어 가리라. 멋진 황혼, 아름다운 저녁노을을 채색하는 노인이 되고 싶다.


이 책이 완성되기까지 힘써주신 모든 분께 감사드립니다.


2016년 4월
김옥선

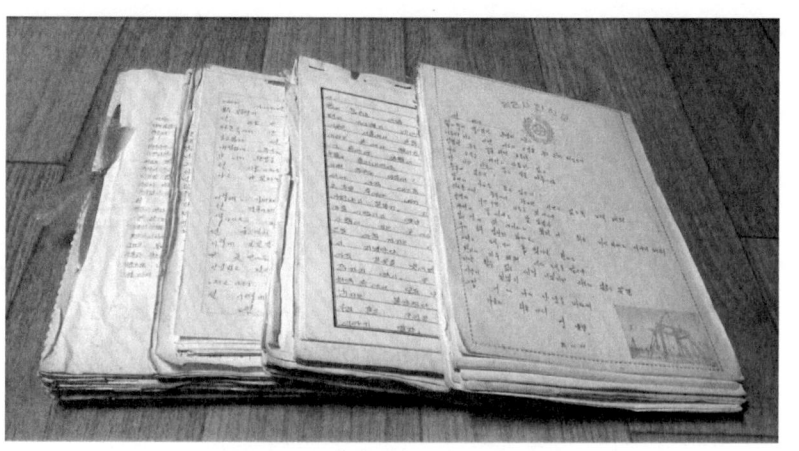

지난날의 편지 묶음(1967년 2월~1973년 1월)

편지 주고받던 학창 시절 임과 나

1970년, 그리운 임의 사관학교 시절

시 골 아 낙, 추 억 을 업 고 걷 다

### 스마트폰 하나로 떠나는 니하오! 중국 다롄

정영호 | 14,800원 | 198쪽

한 시간이면 갈 수 있는 아름다운 항구도시 중국 다롄
디지털카메라 없이 스마트폰만으로 이국적인 풍경을 담아 보자!
『스마트폰 셔터를 누르다』의 저자 정영호가 알려 주는 중국 자유 여행 레시피

### 혼자, 함께 걷는 길

이대희 | 13,000원 | 158쪽

인생의 전환점에 섰다면 지금 산티아고로 떠나라!
방전된 당신의 인생을 100% 충전해 줄 성 야고보의 순례길 900km 답사기

### 청춘의 여행, 바람이 부는 순간

이동호 | 13,800원 | 192쪽

자유로운 영혼을 가진 그대.
청춘이라면, 한 번쯤 떠나보지 않겠는가.
세계배낭여행!

# 첫사랑이자 마지막 사랑인 그를 가슴에 품고
## 함께 여행했던 추억의 장소를 찾아 나선 29일간의 국토순례!

### 2천 리 걸음걸음마다 **사랑을 담고 그리움을 담다!**

6년이 넘는 병수발, 그리고 임을 보내고 5년. 시골 아낙은 어두운 긴 터널을 벗어나 사랑하는 임의 사진을 등에 업고 추억 여행을 떠났다. 외로운 시간 동안 그녀에게 남은 건 임을 향한 그리움뿐이었다. 그런 그녀가 용기를 내 해남 땅끝마을에서 통일 전망대까지 장장 29일의 국토순례에 도전했다. 2천 리가 넘는 거리를 비가 오나 바람이 불어도 매일매일 걷고 또 걸었다. 길고 길었던 여정의 이동 거리, 어디서 밥을 먹고, 어디서 잠을 자고, 누구를 만났는지, 그들과 나누었던 이야기 등등을 꼼꼼히 기록했다.

65세라는 나이에 혼자서 국토순례를 했다면 금방 포기했을 테지만, 응원해준 많은 사람들, 길 위에서 만난 따뜻한 사람들 덕분에 무사히 마칠 수 있었다. 그리고 가장 큰 힘이 된 사람은 바로 중학교 때 만난 첫사랑이자, 마지막 사랑인 남편. 행복하기만 했던 두 사람에게 수없는 위기들이 찾아왔었다. 사랑스러운 두 딸아이를 먼저 떠나 보냈고, 시어머니의 모진 시집살이와 지독한 가난까지 젊은 부부가 감당하기에는 너무 벅찼던 그때의 현실들이 이 책에 고스란히 담겨 있다.

함께라서 버틸 수 있었지만, 사랑하는 임에게 찾아온 암이라는 불청객은 그를 더 이상 만질 수 없는 곳으로 데려갔다. 너무 사랑했기에 남들보다 조금 일찍 헤어진 시골 아낙의 고백은 사랑하는 가족을 떠나보낸 이들에게 사랑과 위로가 되어 그 상처를 아물게 해줄 것이다.

값12,800원

9 791159 870064    03900

ISBN 979-11-5987-006-4